Bí chun tosaigh ag
Suimiú agus ag Dealú go dtí 20

Moira Wilson

Brilliant
PUBLICATIONS

Tá súil agam go mbainfidh do rang agus tú féin taitneamh as a bheith ag úsáid an leabhair seo.
Seo leanas leabhrái sa eile sa t-sraith:

Teidil
Bí chun tosaigh ag Comhaireamh go dtí 10
Bí chun tosaigh ag Méadú agus Roinnt
Bí chun tosaigh ag Neartú Uimhreacha
Bí chun tosaigh ag Spraoi le Matamaitic

Le tuilleadh eolais a fháil faoi aon cheann de na hacmhainní seo téigh go dtí ár suíomh idirlín:
www.brilliantpublications.co.uk

Foilsithe ag Brilliant Publications Teoranta,
Unit 10, Sparrow Hall Farm, Edlesborough, Dunstable, Bedfordshire, LU8 2ES, UK.

suíomh idirlín: www.brilliantpublications.co.uk
ríomhphost: info@brilliantpublications.co.uk

Is trádmharc cláraithe é Brilliant Publications.

Scríofa ag Moira Wilson
Maisithe ag Moira Wilson

Priontáilte sa Ríocht Aontaithe

I gcló den chéad uair i 1998 (leagan Béarla)
Leagan Gaeilge i gcló den chéad uair i 2019

© Moira Wilson 1998
Aistrithe ag Eddie Jennings
Profaí léite ag Siobhán Mhic Gearailt

Leabhar clóbhuailte ISBN: 978-0-85747-818-4
pdf ISBN: 978-0-85747-822-1

Clár

Réamhrá

Tá saibhreas gníomhaíochtaí agus cluichí sa leabhar seo a chuirfidh ar chumas páistí eolas maith a bheith acu ar shuimiú agus dealú suas go 20. Déantar suimiú agus dealú le chéile mar go bhfuil siad ceangailte le chéile agus go ndéanann obair ar cheann malairt oibre ar an gceann eile. Ta gach cuid den leabhar seo marcáilte go soiléir sa liosta sa Chlár, ag déileáil le gné éagsúil den suimiú agus den dealú.

Tús suimiú agus dealú suas go dtí 10
I leathanaigh 6–12 cuirtear suimiú agus dealú i láthair an pháiste i bhfoirm pictiúirí; ag comhaireamh ar aghaidh agus ar ais.

Ag scrúdú comhcheangal idir uimhreacha suas go dtí 10
I leathanaigh 13–20 ní mór do na páistí scrúdú a dhéanamh ar chnuasachtaí d'uimhreacha ó 3–10 le bheith: ag suimiú níos mó gnéithe le pictiúirí le huimhir áirithe a dhéanamh; ag eagrú roinnt gnéithe ar bhealaí éagsúla; agus ag aimsiú na gcnuasachtaí éagsúla go léir is féidir a dhéanamh le huimhir ar leith.

Athneartú go dtí 10
Tá athneartú atá riachtanach le fáil ar leathanaigh 21-26. Ní mór do na páistí úsáid a bhaint agus forbairt a dhéanamh ar an eolas atá acu ar thuiscint uimhreacha go dtí 10.

Ag scrúdú comhcheangal idir uimreacha suas go dtí 20
Uaireanta ar leathanaigh 27–32 tá dúshlán níos mó do na páistí má aimsíonn siad trí nó ceithre uimhir curtha le chéile leis an uimhir atá tugtha a dhéanamh nó srian a chur leis na huimhreacha gur féidir leo a úsáid. I leathanaigh 33–36 tá fadhbanna ina n-iarrtar ar na páistí "an uimhir atá ar iarraidh" a fháil trí shuimiú nó trí dhealú.

Athneartú suas go dtí 20
Tugann leathanaigh 37–44 deis do na páistí cleachtadh agus forleathnú a dhéanamh ar an eolas atá acu ar shuimiú ar dhealú go dtí 20.

Cluichí
I leathanaigh 45–48, cuirtear éiginnteacht i láthair na bpáistí, ag tabhairt deis dóibh dul sa tseans agus na scileanna atá foghlamtha acu a úsáid ar bhealach pléisiúrach agus spreagúil.

An chaoi leis an leabhar seo a úsáid

Is féidir na gníomhaíochtaí sa leabhar seo a úsáid mar thacaíocht d'aon scéim mhatamaitice atá in úsáid. Tá leanúnachas cinnte sna leathanaigh sa leabhar seo ach ní gá go gcríochnódh an páiste gach leathanach nó iad a dhéanamh in ord áirithe . Bheadh sé fírinneach a rá gur leabhar é seo ar féidir le páistí dul chuige le tacaíocht, cleachtadh nó neartú a fháil nuair a fheictear go bhfuil sé riachtanach.

Is féidir na leathanaigh oibre a úsáid le páistí aonair nó le grúpaí agus ba cheart plé a dhéanamh ar na treoracha leis na páistí agus samplaí a thabhairt dóibh den chineál tascanna atá le déanamh. Ag déanamh na dtascanna ba chóir go n-úsáidfeadh na páistí focail a bhfuil baint acu le suimiú agus dealú cosúil le "suimigh", "tóg", "difríocht", "comhairigh ar aghaidh/siar", "ar fad" agus "níos mó/lú".

Tá sé fíor thábhachtach go mbeadh obair phraiticiúil déanta le fíorábhar roimh an obair ar na gníomhaíochtaí sna leathanaigh. Ansin is féidir leis na páistí tarraingt ar an eolas atá acu, agus iad ag déileáil le rudaí ar bhealaí teibí. Bainfidh roinnt páistí buntáiste as úsáid fíorábhar nuair atá siad ag obair ar na leathanaigh oibre.

Cé go bhfuil míniú iontu féin sna leathanaigh, b'fhéidir go gcabhródh na nótaí seo a leanas le gníomhaíochtaí áirithe.

Leathanaigh 33 agus 34
Is féidir na páistí a spreagadh le húsáid a bhaint as suimiú agus dealú le réiteach a fháil ar na fadhbanna a bhfuil uimhreacha in easnamh iontú trí:
✳   chomhaireamh ar aghaidh go dtí an uimhir iomlán;
✳   chomhaireamh siar go dtí an uimhir iomlán.
Is féidir an tasc a dhéanamh níos simplí trí fhíorábhair nó uimhirlínte a úsáid.

Leathanaigh 35 agus 36
Tá an 'uimhir in easnamh' tugtha céim níos faide chun cinn. Ní féidir na pirimid agus na hataí a chríochnú gan ord loighciúil a leanúint. Beidh cuid mhaith díospóireacht roimh ré de dhíth ar chuid de na páistí, sula dtabharfaidh siad faoi na gníomhaíochtaí.

Leathanaigh 37 agus 38
Tabharfaidh cuid de páistí faoi deara patrún á nochtadh de réir mar a chríochnaíonn siad na cearnóga ach b'fhéidir go mbeadh cabhair ag teastáil óna thuilleadh acu. Ba chóir iad a spreagadh le breathnú ar:
✳   iomlán na n-uimhreacha fiarthrasna;
✳   iomlán na sraitheanna;
✳   iomlán na gcolún;
✳   digití ag bun ar chlé agus barr ar dheis (cearnóga suimithe)
✳   digití ag bun ar dheis agus barr ar chlé (cearnóga dealaithe)

Nuair atá an obair críochnaithe agus dáta air is féidir na leathanaigh a stóráil i bhfillteáin mhatamaitice na bpáistí, mar thuairisc úsáideach ar an obair atá déanta acu.

Níos mó agus níos mó

Tarraing 2 ábhar eile i ngach bosca agus scríobh an t-iomlán.

	iomlán

Bí chun tosaigh ag Suimiú agus Dealú go dtí 20
www.brilliantpublications.co.uk

Sona agus brónach

Comhairigh na baill agus scríobh an uimhir sna boscaí.

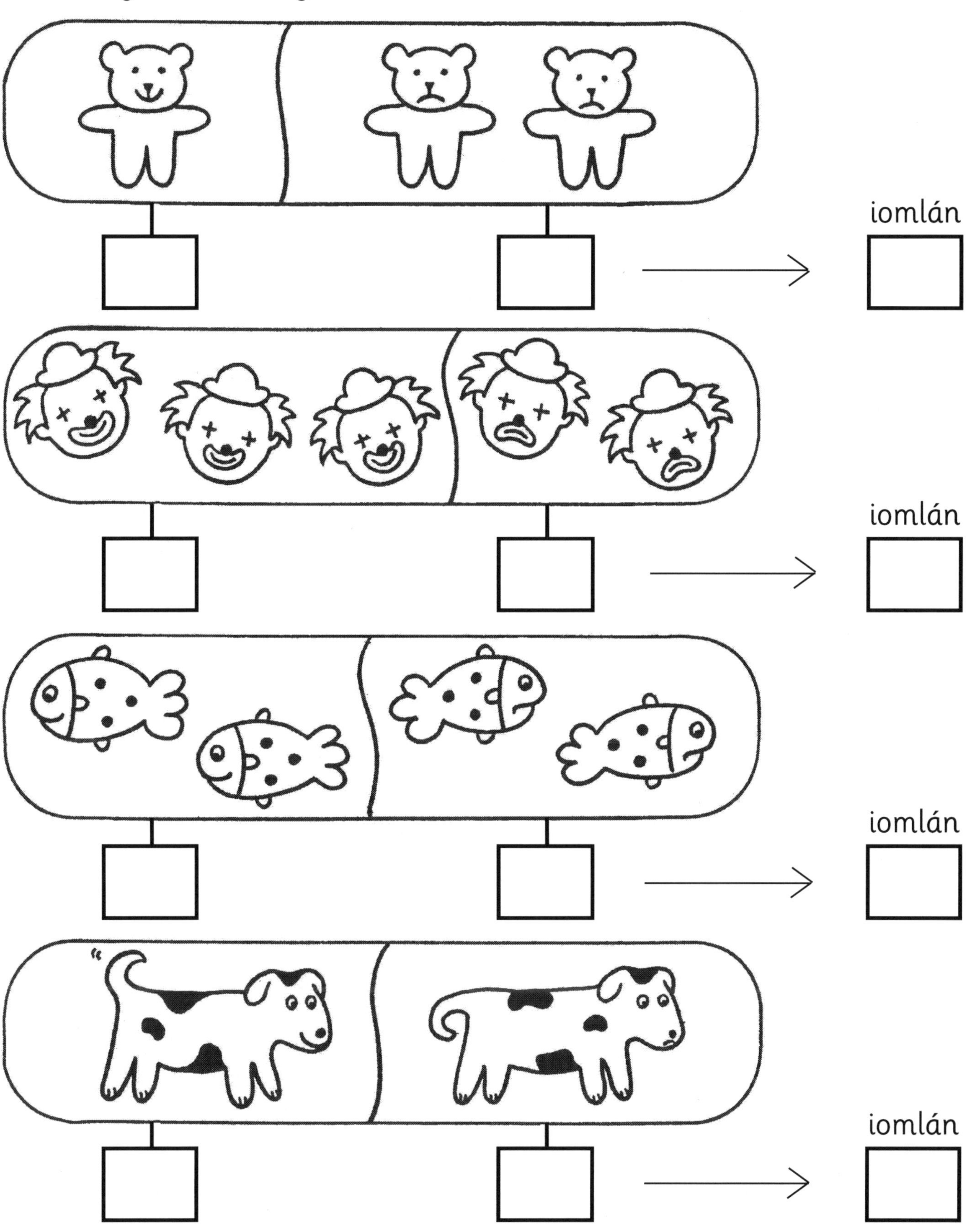

Dúradáin spotacha

Comhairigh na spotaí i ngach bosca agus scríobh an uimhir sna boscaí.

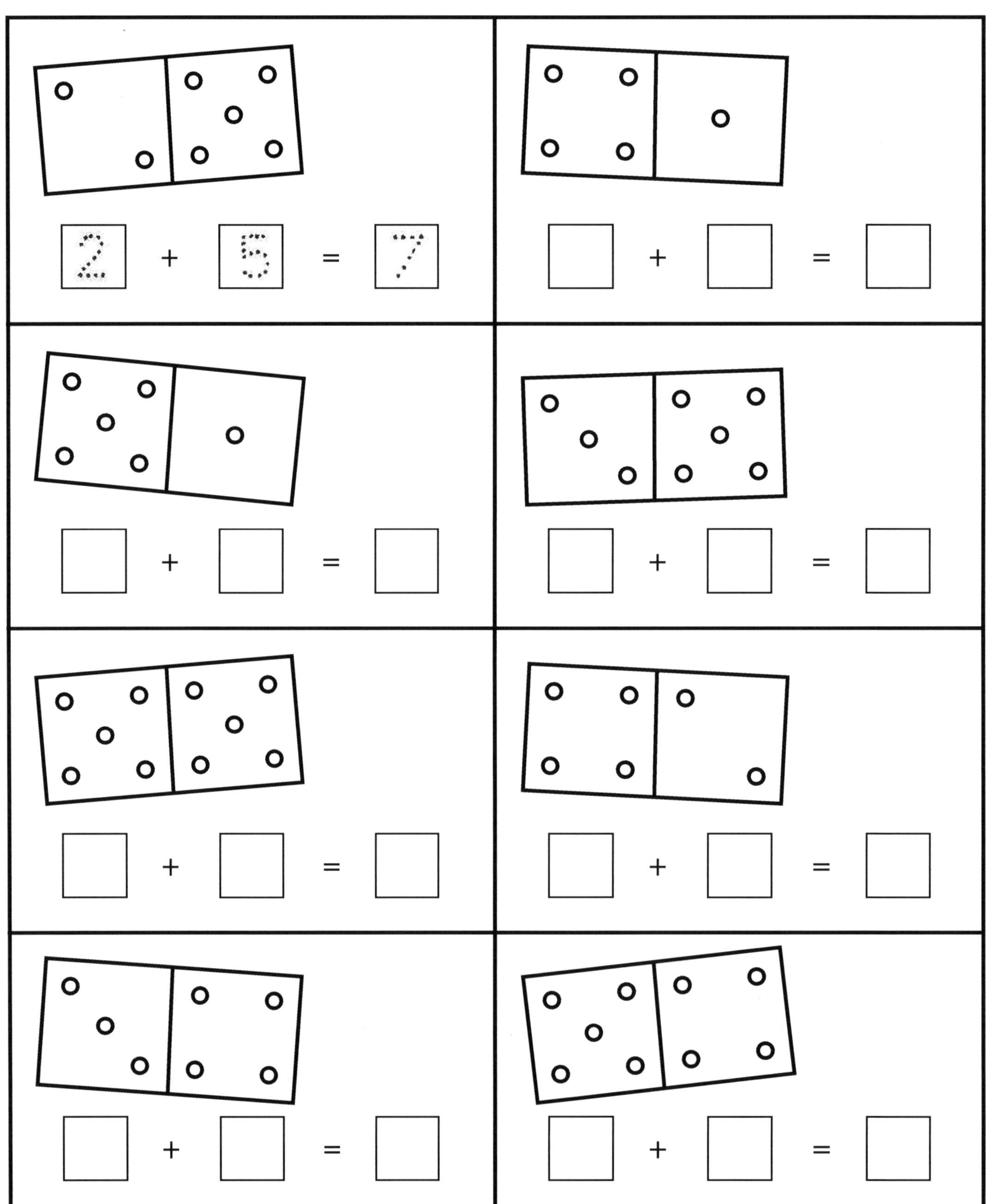

Léimeanna cangarú

Cabhraigh leis an gcangarú léim go dtí an chloch cheart.

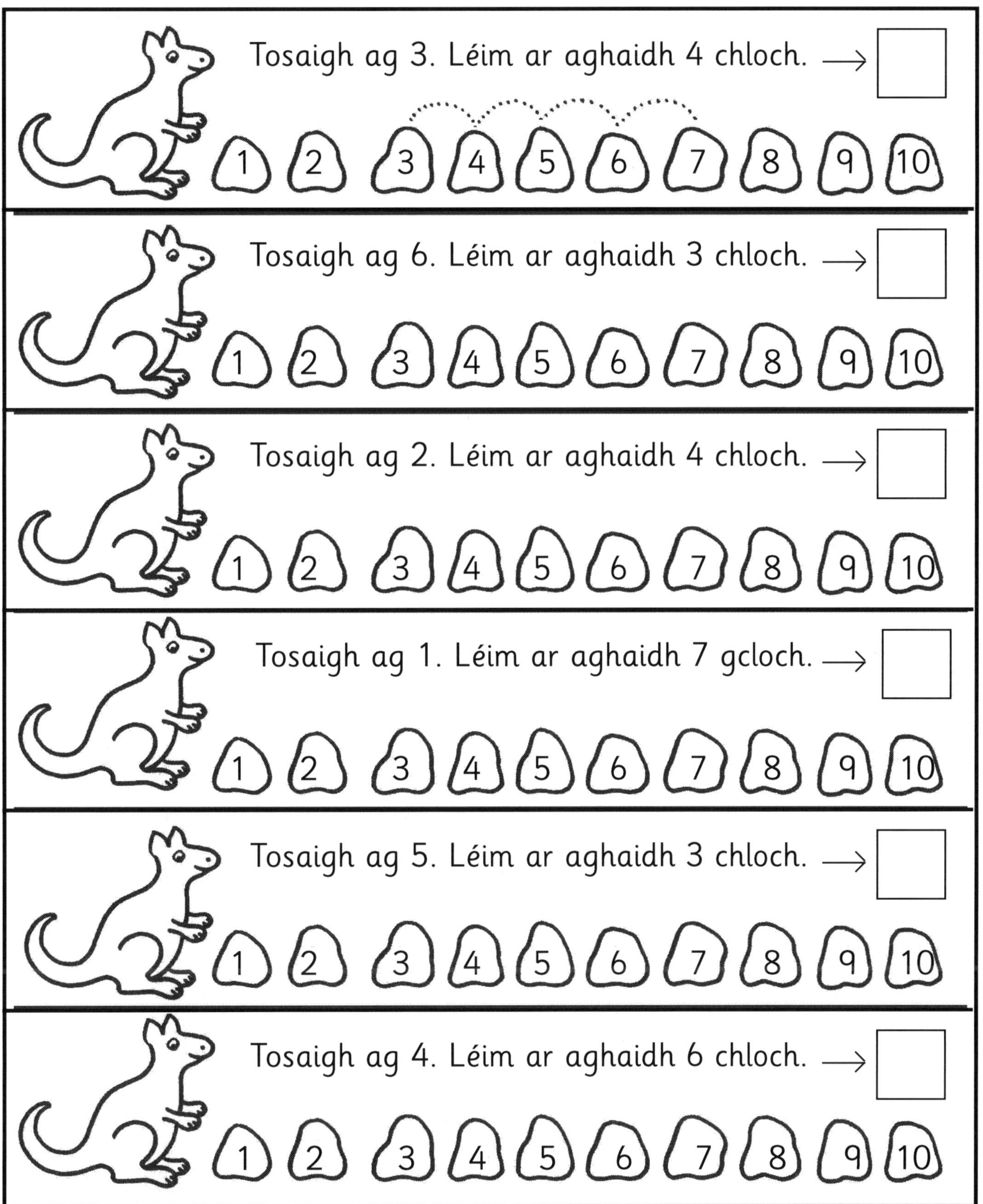

Níos lú agus níos lú

Scrios amach 2 bhall i ngach bosca agus scríobh an uimhir atá fágtha.

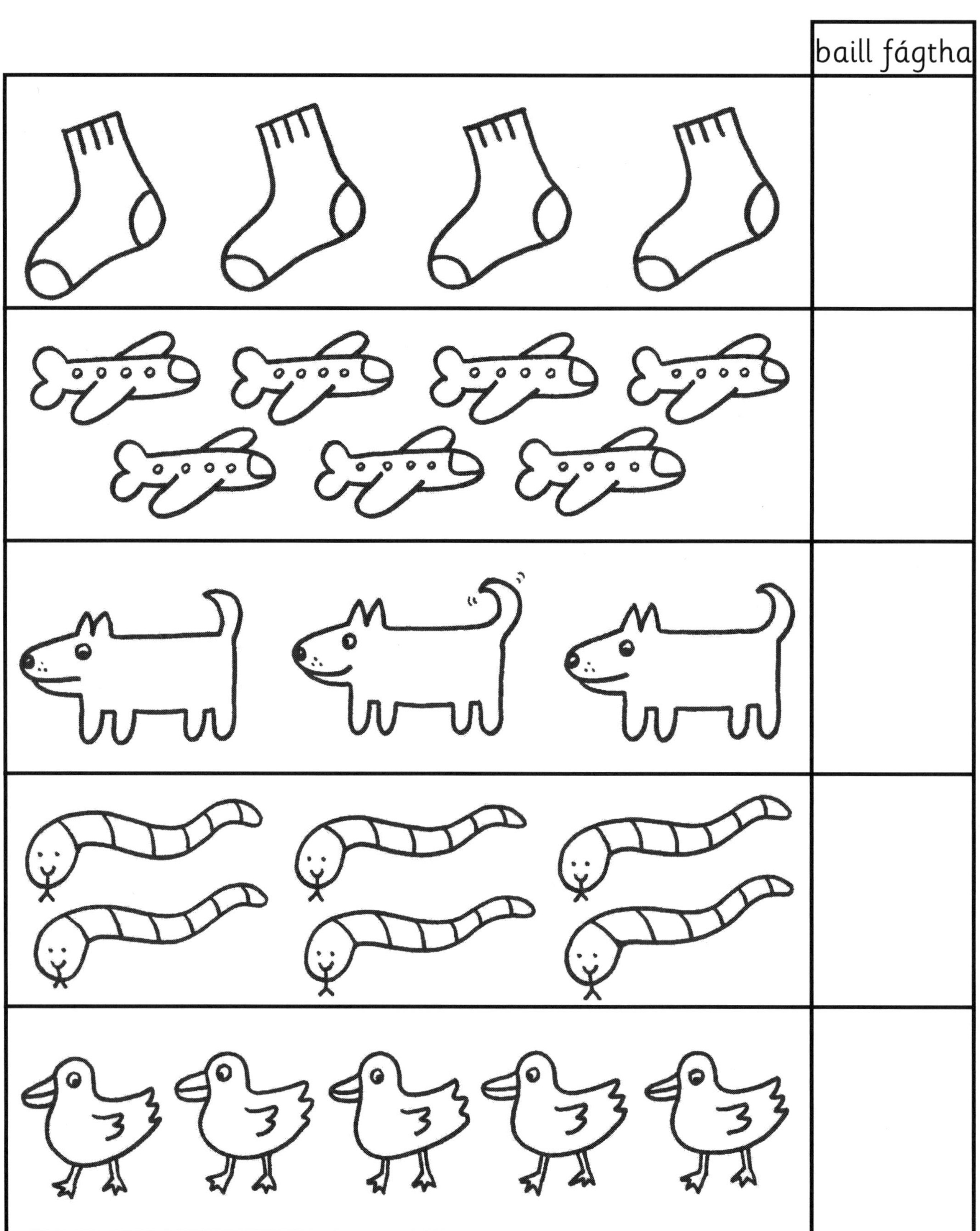

Léimeanna coiníní

Cabhraigh leis na coiníní léim go dtí an chloch cheart.

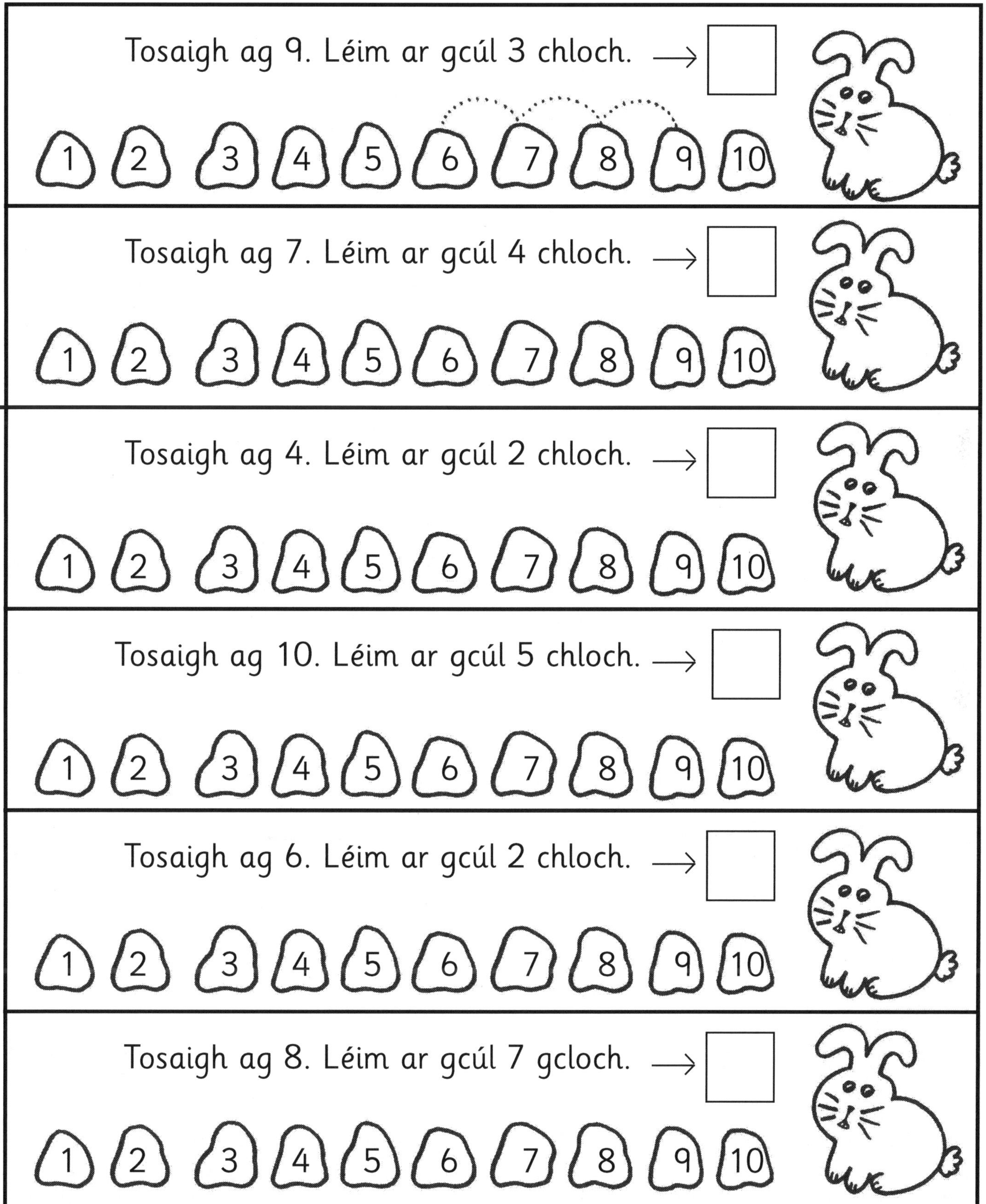

Málaí torthaí

Scrios amach an méid a itheann tú agus scríobh an uimhir atá fágtha.

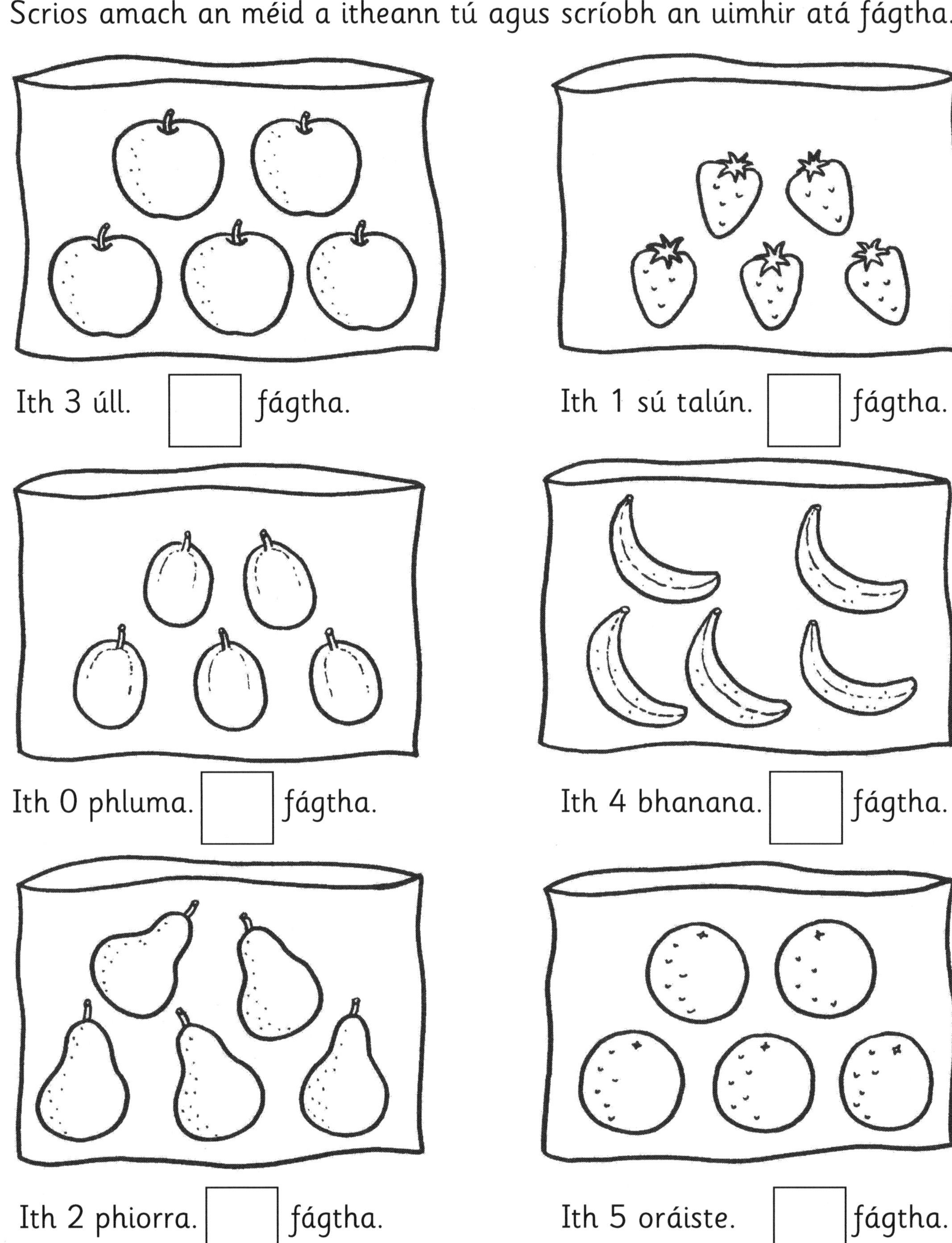

Ith 3 úll. ☐ fágtha.

Ith 1 sú talún. ☐ fágtha.

Ith 0 phluma. ☐ fágtha.

Ith 4 bhanana. ☐ fágtha.

Ith 2 phiorra. ☐ fágtha.

Ith 5 oráiste. ☐ fágtha.

Am garraíodóireachta

Bíodh 3 bhláth i ngach tobán.

Bíodh 3 dhuilleog ar gach craobh.

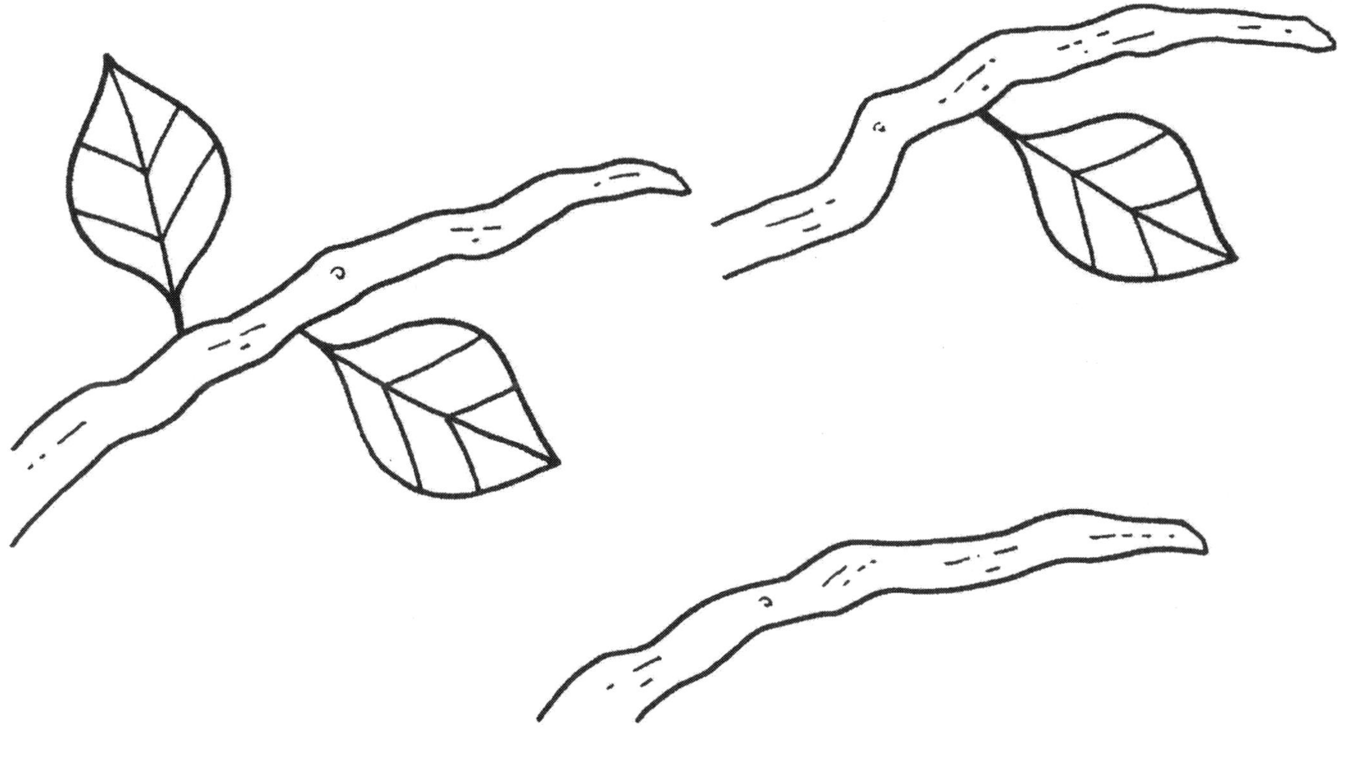

Am cóisire

Bíodh 4 spota ar gach hata.
Bíodh 4 líne corrach ar gach pléascóg.

Am breithlae

Bíodh 5 choinneal ar gach cáca.
Scríobh an uimhir coinnle a chuir tú ar gach cáca.

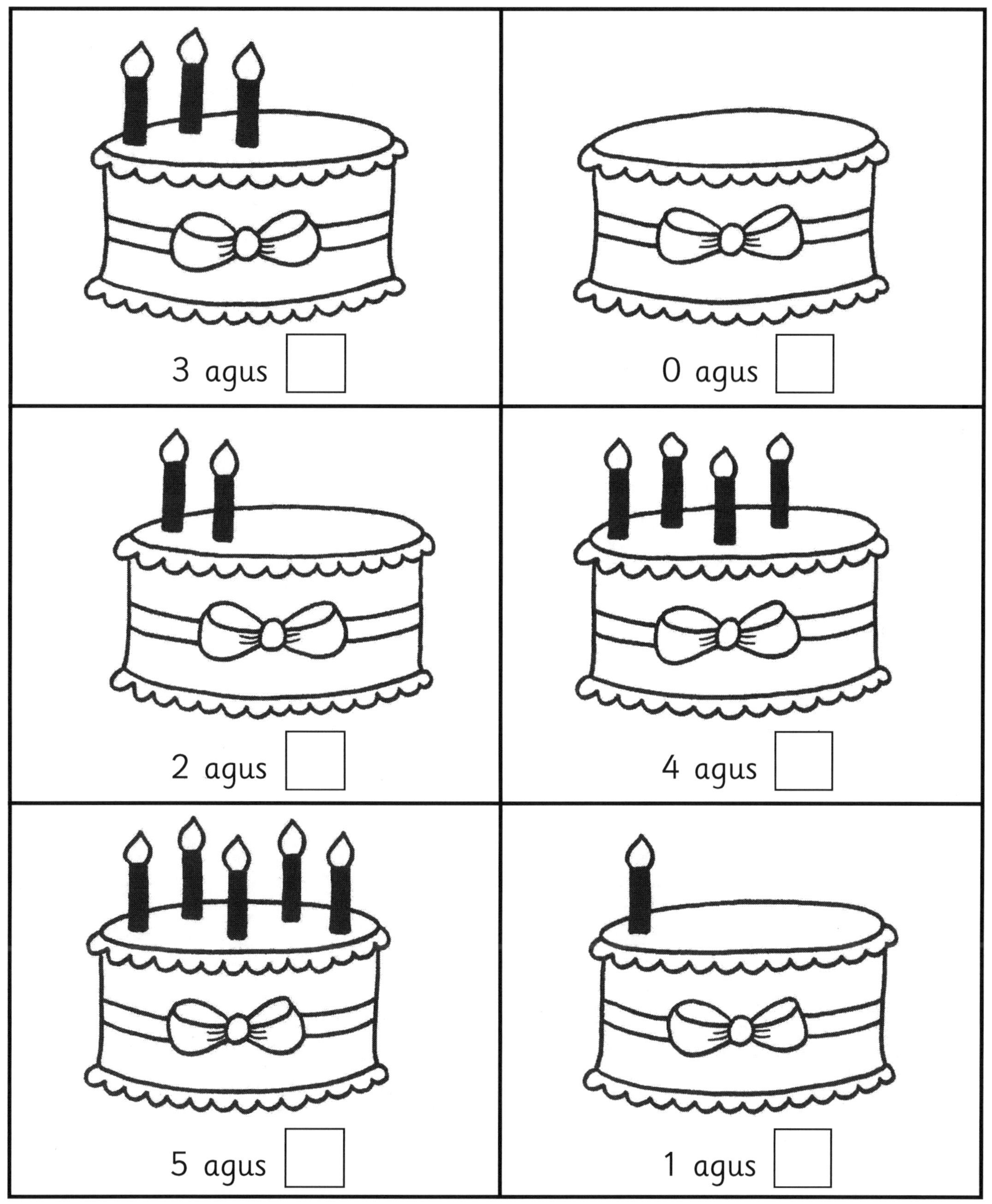

Ar lorg mion-ainmhithe

Cuir fáinní timpeall ar na mion-ainmhithe ag taispeáint bealaí le 6 a dhéanamh.
Déan gach ceann éagsúil.

☐   agus   ☐   sin   ☐

☐   agus   ☐   sin   ☐

☐   agus   ☐   sin   ☐

☐   agus   ☐   sin   ☐

☐   agus   ☐   sin   ☐

Fir grinn chiotacha

Suimigh dhá uimhir le 7 a dhéanamh.
Bíodh gach suim éagsúil.

Dathaigh hataí na bhfear grinn gorm má tá 0 sa tsuim.
buí má tá 1 sa tsuim.
dearg má tá 2 sa tsuim.
uaine má tá 3 sa tsuim.

Laethanta gaofara

Suimigh dhá uimhir le 8 a dhéanamh.
Déan gach ceann éagsúil.

Úlla cnagarnacha

Suimigh dhá uimhir le 9 a dhéanamh.
Déan gach ceann éagsúil.

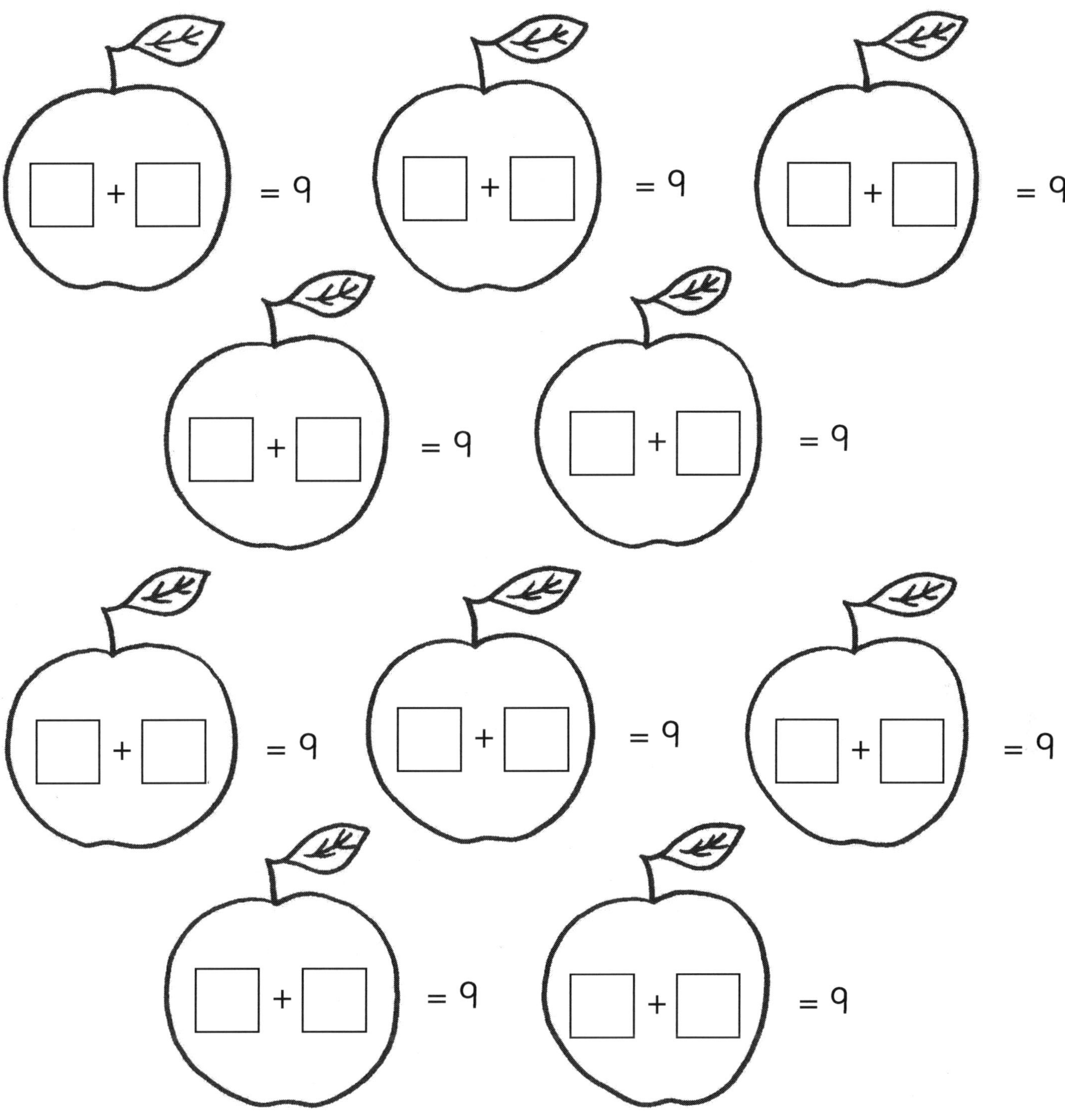

Dathaigh na húlla dearg má tá 0, 1 nó 2 sa tsuim.
uaine má tá 3 nó 4 sa tsuim.

Carraigeacha creagacha

Suimigh dhá uimhir le 10 a dhéanamh.
Déan gach ceann éagsúil.

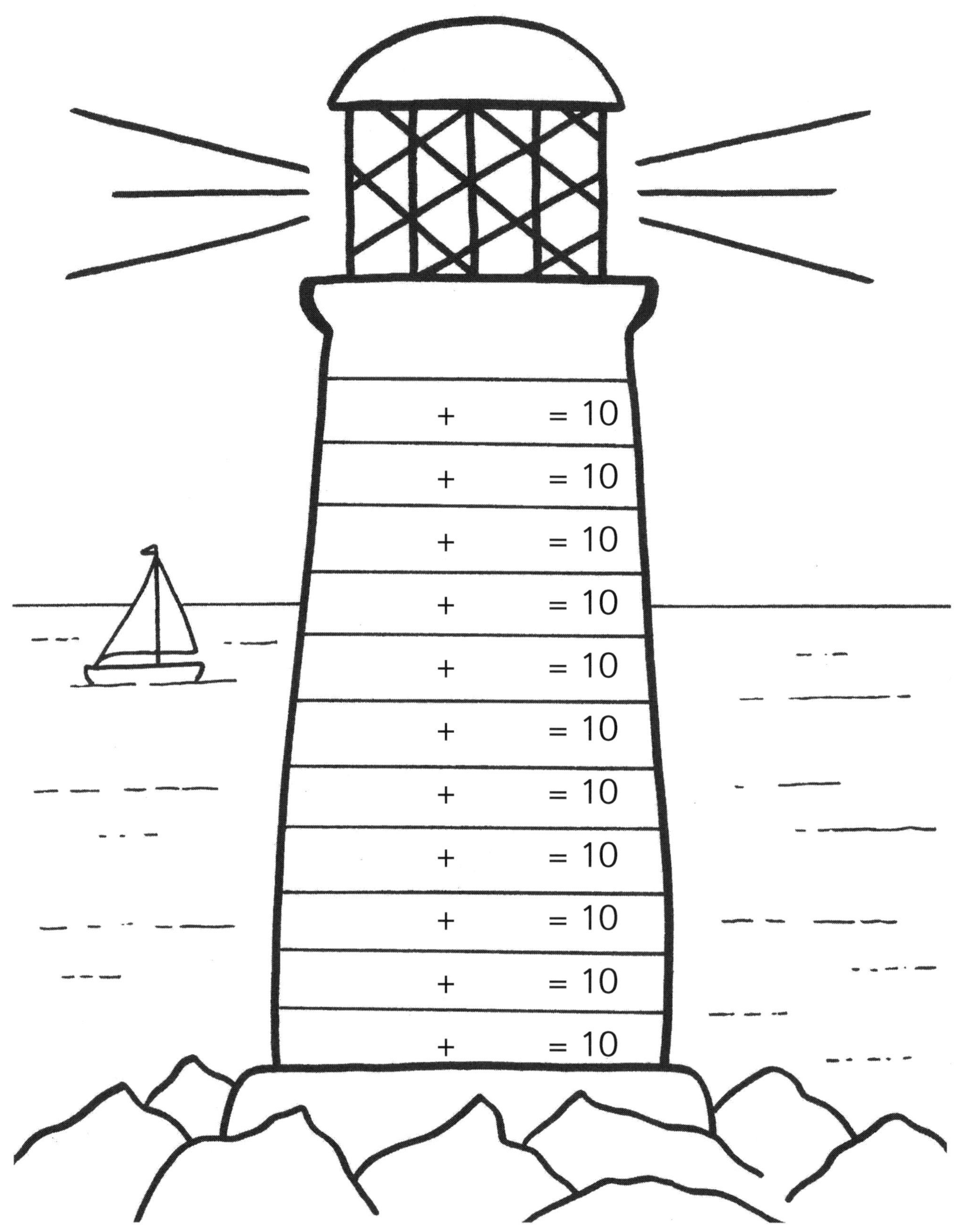

Bláthanna

Dathaigh na duilleoga má dhéanann na huimhreacha orthu an uimhir ar an mbláth.

Níos mó bláthanna

Dathaigh na piotail má tá an difríocht cothrom leis an uimhir sa lár.

Madra spotach

Dathaigh na cruthanna uaine má tá an t-iomlán cothrom le 7.

gorm má tá an t-iomlán cothrom le 8.

oráiste má tá an t-iomlán cothrom le 9.

donn má tá an t-iomlán cothrom le 10.

Féileacán álainn

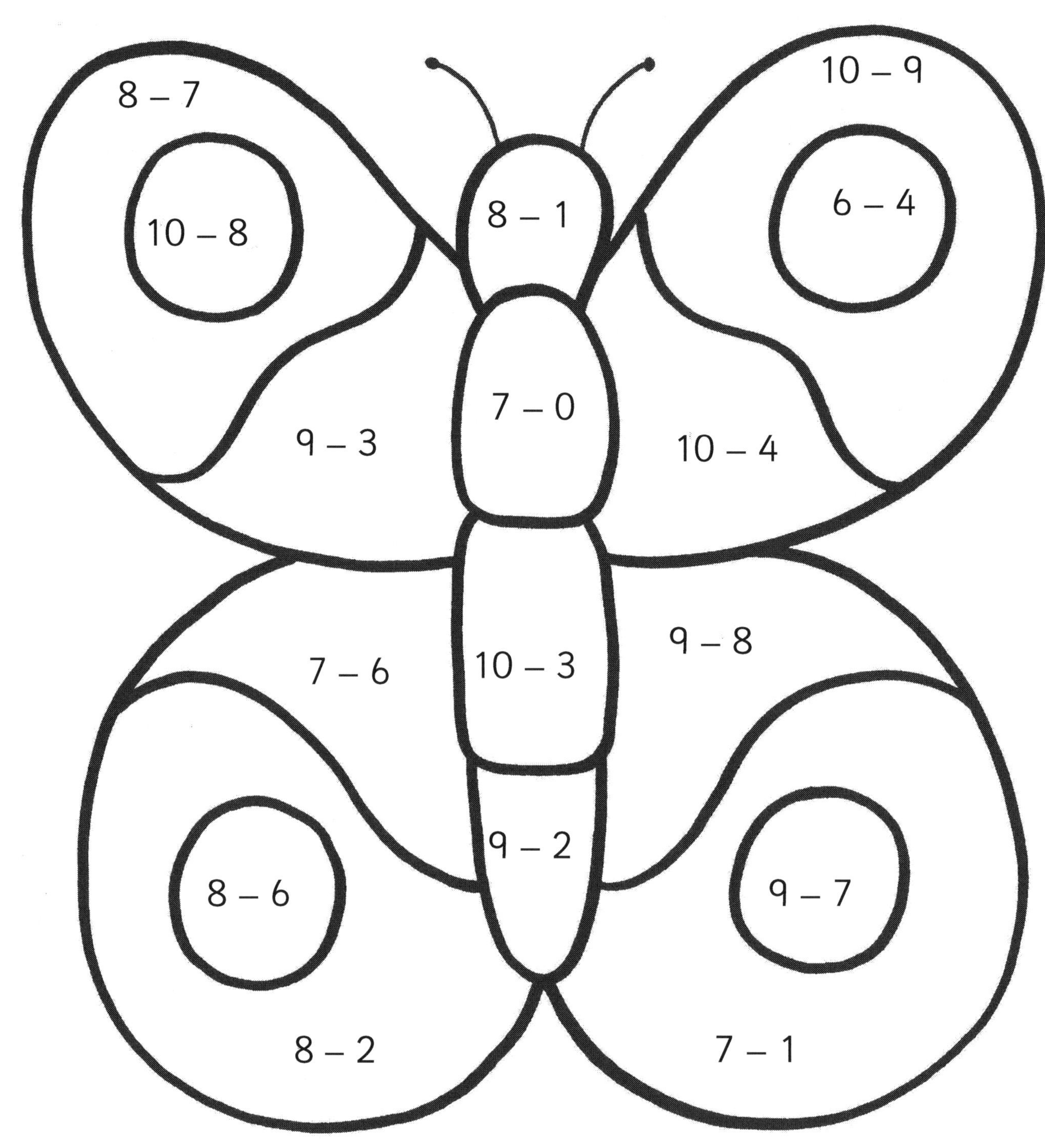

Dathaigh na cruthanna buí más 1 an difríocht.
dearg más 2 an difríocht.
uaine más 6 an difríocht.
dubh más 7 an difríocht.

Cén treo?

Suimigh na huimhreacha ar gach bóthar. Dathaigh an bóthar ina bhfuil an t-iomlán cothrom leis an uimhir ar an gcarr.

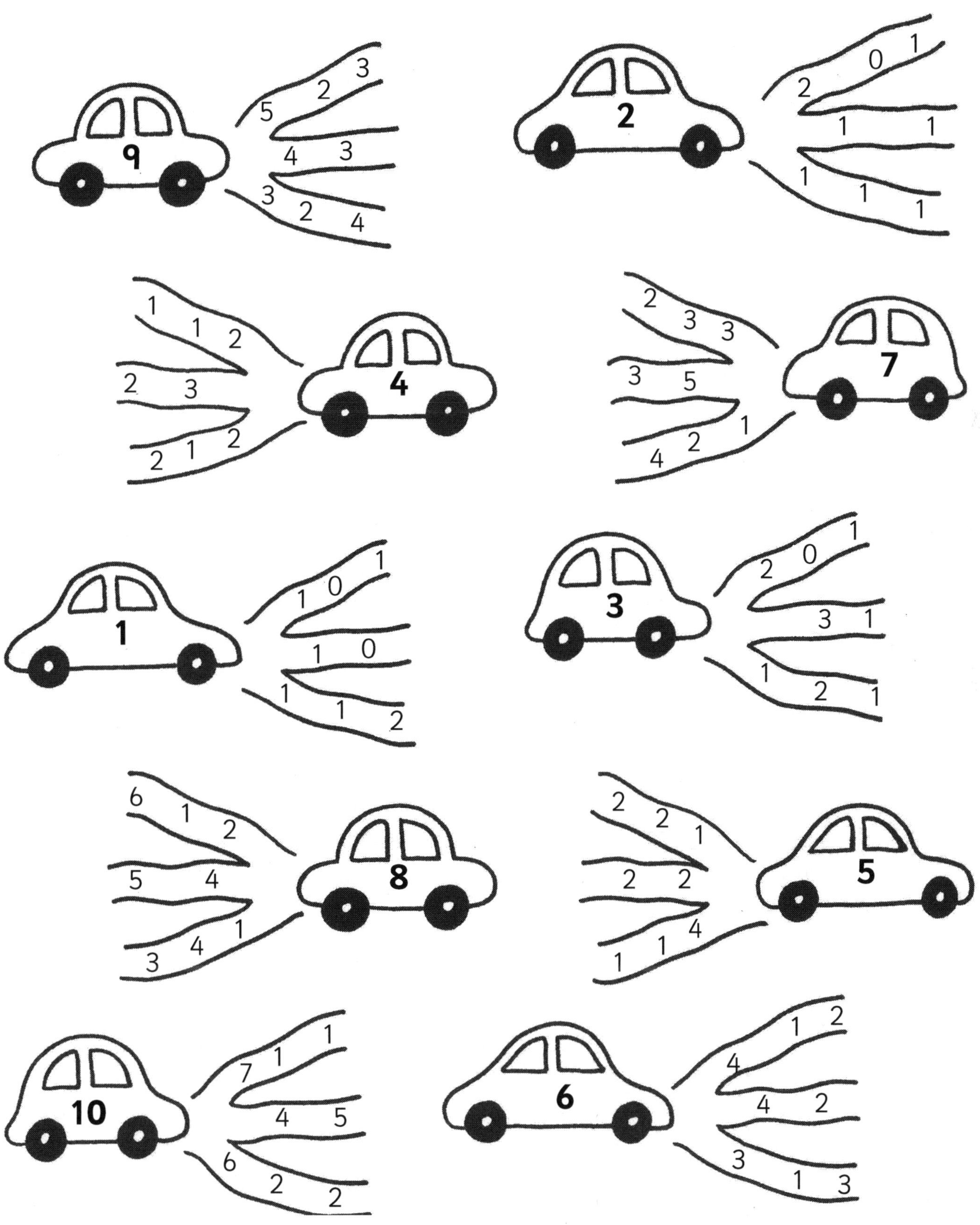

Siúlóid mion-ainmhithe

Ag tosnú leis an uimhir ar gach ainmhí tabhair ar shiúlóid é, ag suimiú agus ag dealú de réir mar a théann tú ar aghaidh. Scríobh na huimhreacha ar na duilleoga.

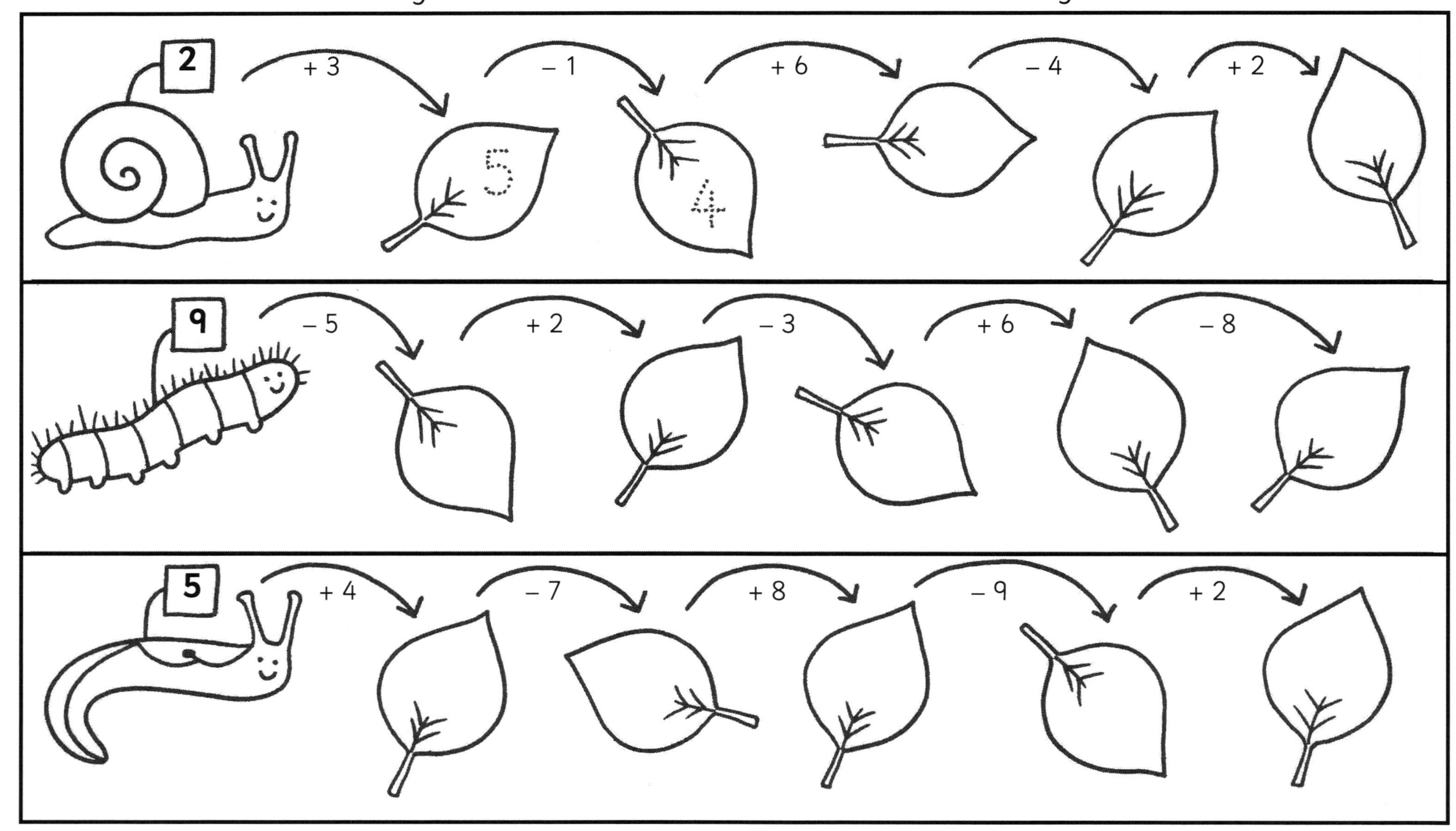

Rothaí rothar

Aimsigh dhá uimhir a dhéanann an uimhir sa lár.
Scríobh idir na spócaí iad.

Líontán damhán alla

Aimsigh trí uimhir a dhéanann an uimhir sa lár.
Scríobh ar an líontán iad.

Féileacáin ghnóthacha

Déan suim na n-uimhreacha ar gach féileacán cothrom le 15.

Bíodh gach féileacán difriúil.

Ag an stáisiún

Déan an uimhir ar gach inneall ag úsáid suimiú agus dealú.

Coinnle

Déan na huimhreacha go léir suas go 20 ag roghnú na n-uimhreacha
1, 2, 3, 4 agus ag úsáid na gcomharthaí + agus - .
Is féidir gach uimhir agus comhartha a úsáid níos mó ná uair amháin.

=	1
=	2
=	3
=	4
=	5
=	6
=	7
=	8
=	9
=	10

$4 + 4 + 4 - 1$	=	11
	=	12
	=	13
	=	14
	=	15
	=	16
	=	17
	=	18
	=	19
	=	20

Roicéid

Déan na huimhreacha go léir suas go 20 ag roghnú uimhreacha 2 agus 3 agus na comharthaí + agus - .
Is féidir gach uimhir agus gach comhartha a úsáid níos mó ná uair amháin.

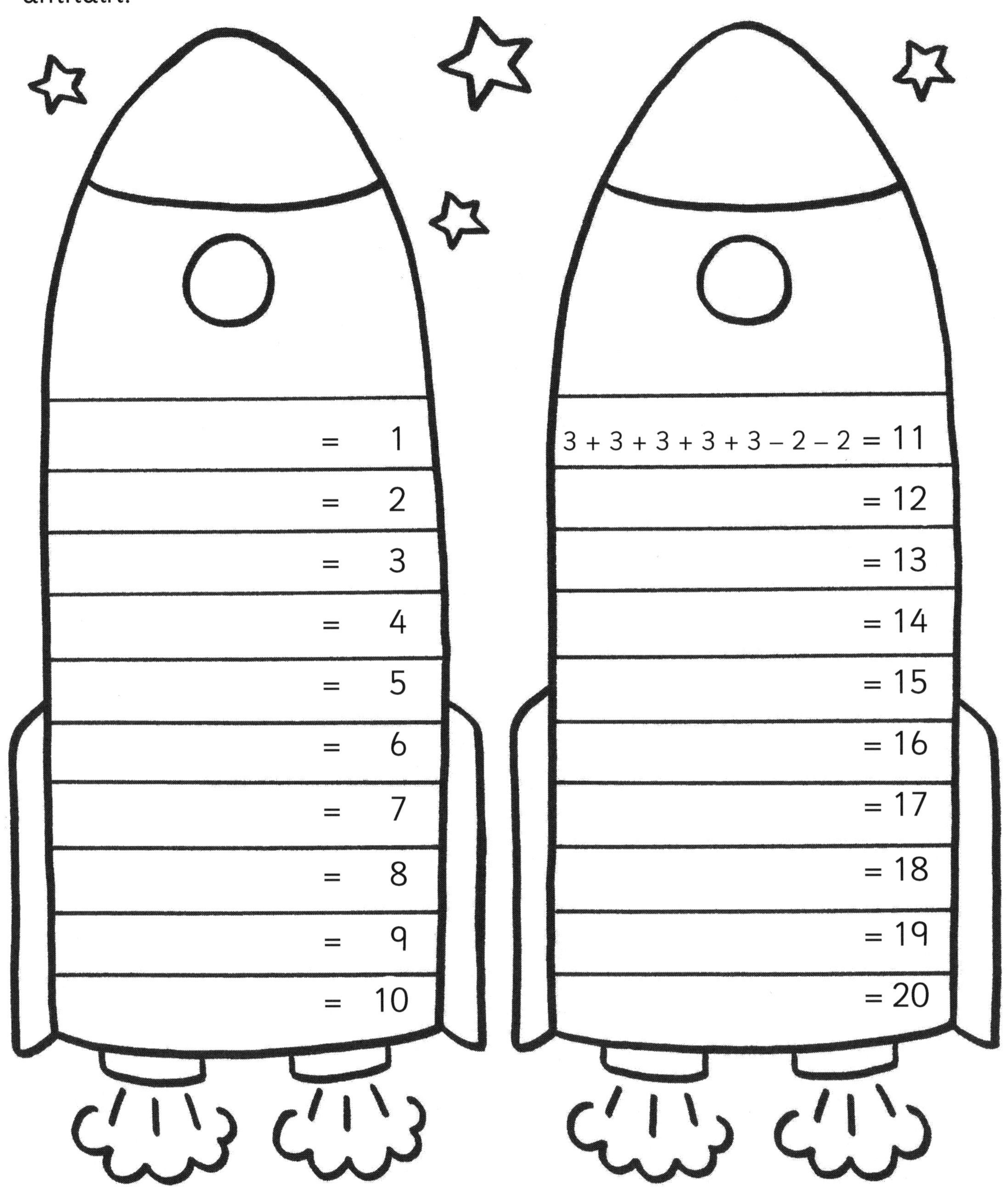

Cóin uachtar reoite

Déan suim na n-uimhreacha ar gach eitleog cothrom leis an uimhir ar an gcón.

Eitleoga

Déan suim na n-uimhreacha ar gach eitleog cothrom leis an uimhir sa lár.

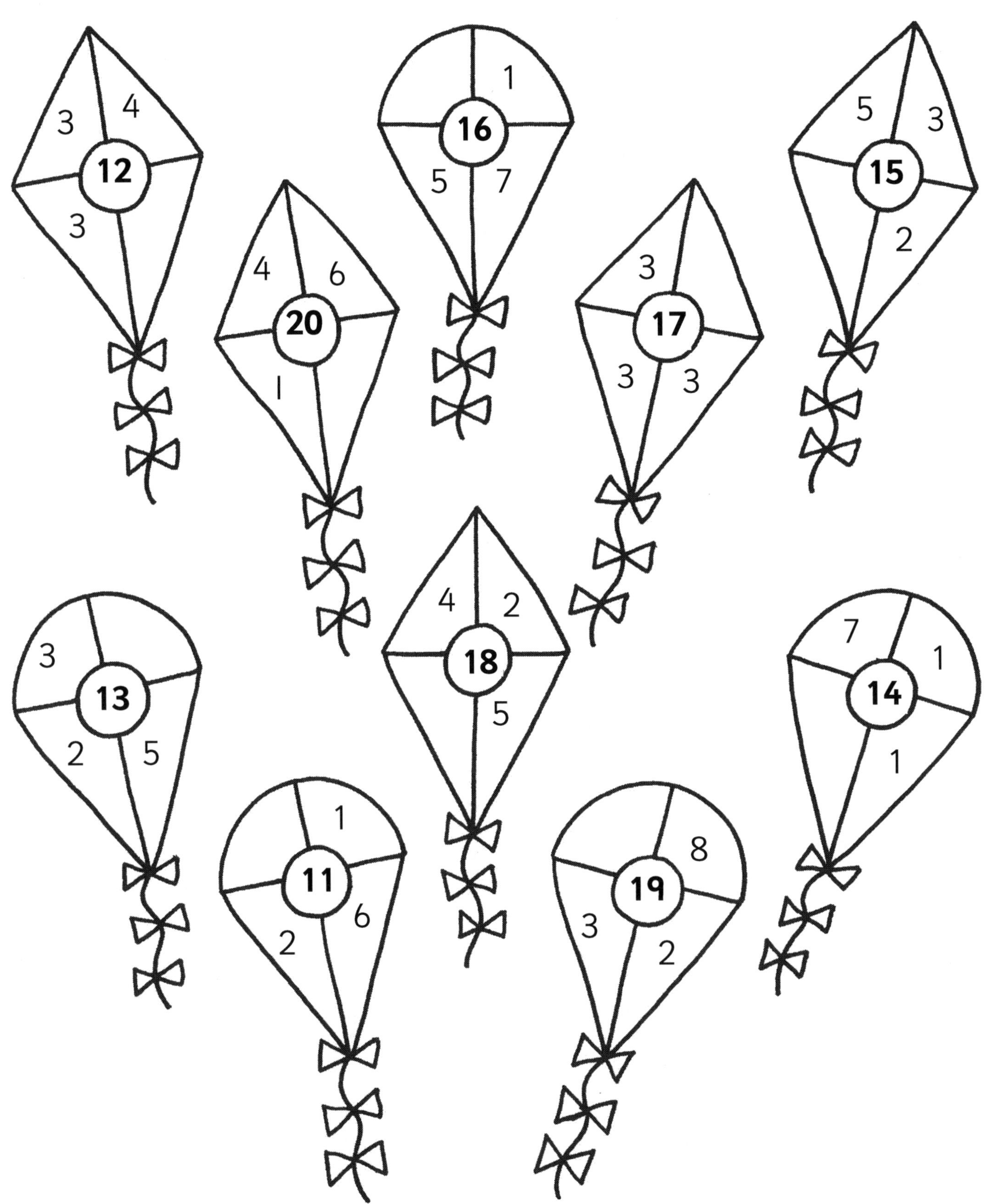

Pirimid

Scríobh uimhreacha sna blocanna folmha. Bíodh an uimhir i mbloc cothrom le suim an dá uimhir sna blocanna atá díreach thíos faoi.

Hataí draíochta

Bíodh na huimhreacha i ngach sraith, colún agus fiarthrasnán cothrom leis an uimhir ar an réalt.

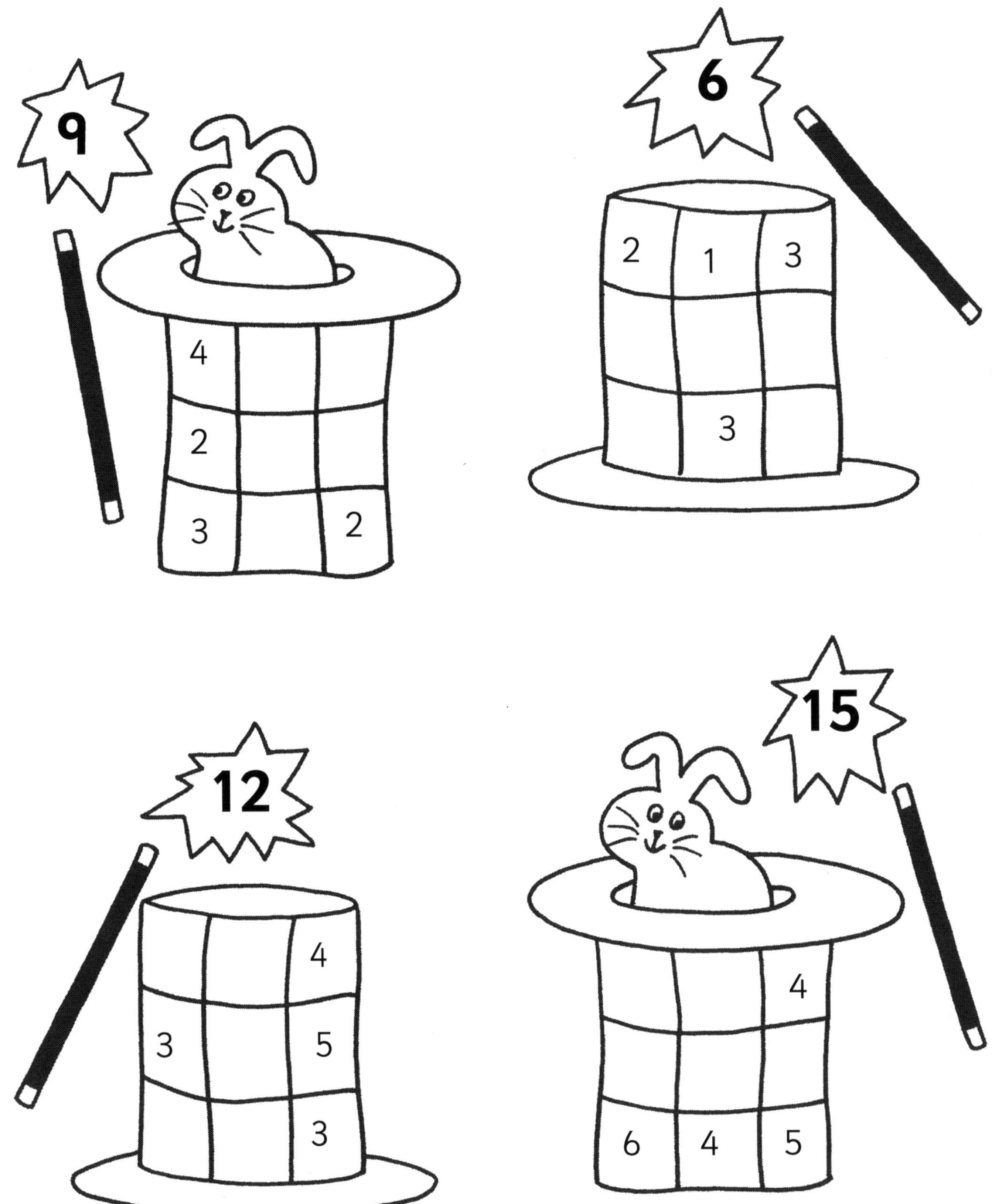

Cearnóga suimithe

Suimigh na huimhreacha ar an mbarr leis na huimhreacha ar an taobh.

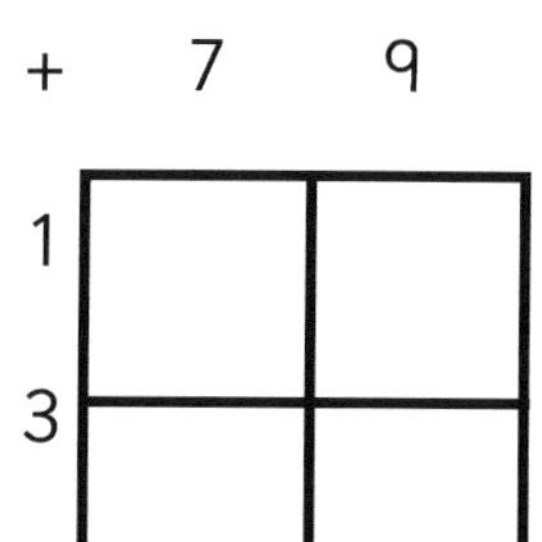

+	7	9
1		
3		

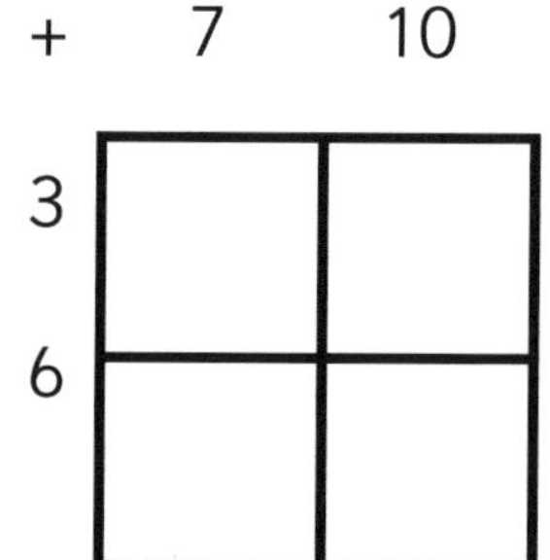

+	7	10
3		
6		

+	5	9
7		
11		

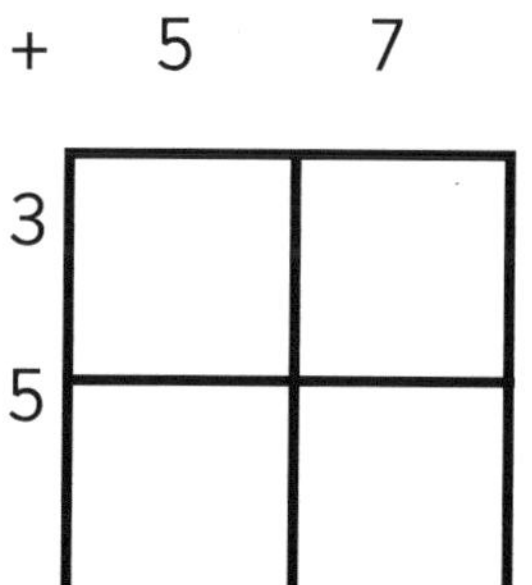

+	5	7
3		
5		

+	6	9
4		
7		

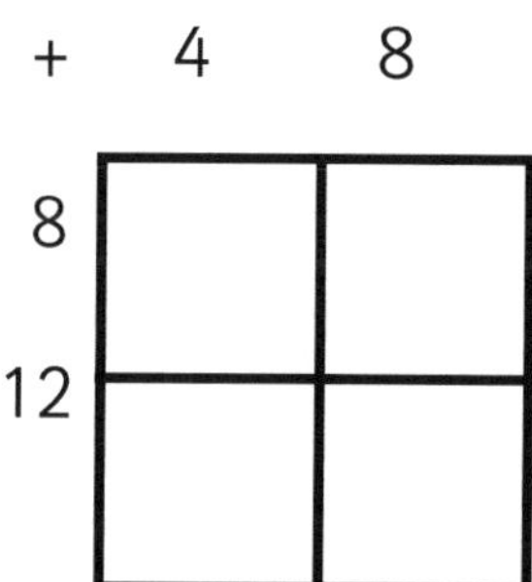

+	4	8
8		
12		

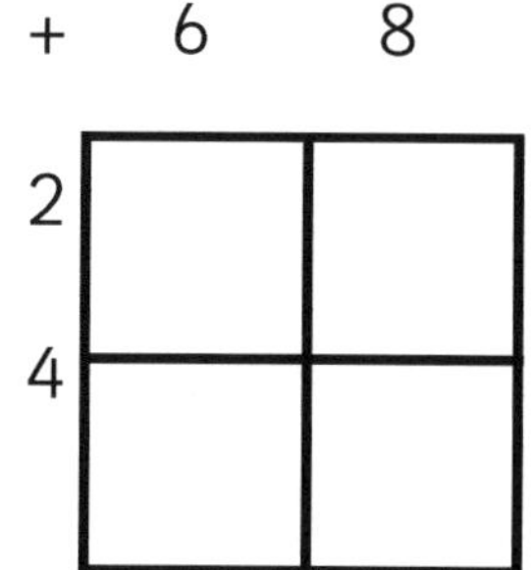

+	6	8
2		
4		

+	9	12
1		
4		

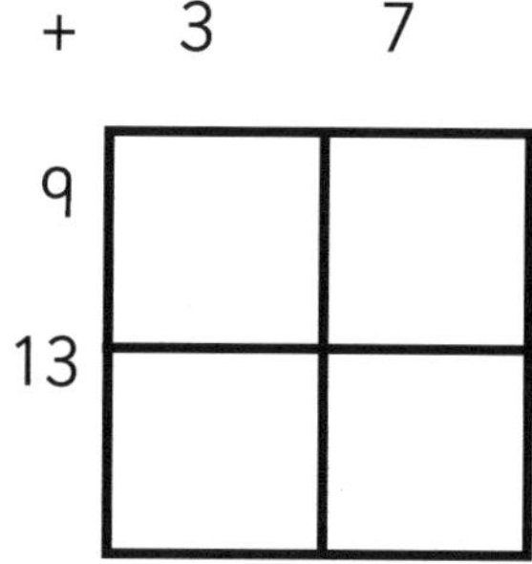

+	3	7
9		
13		

Cearnóga dealaithe

Tóg na huimhreacha ar an mbarr ó na huimhreacha ar an taobh.

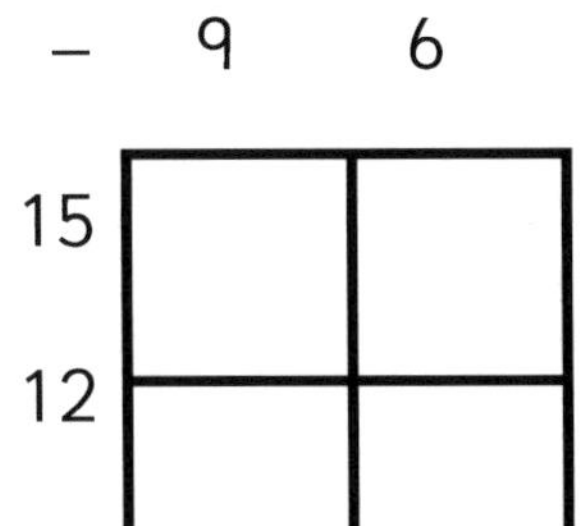

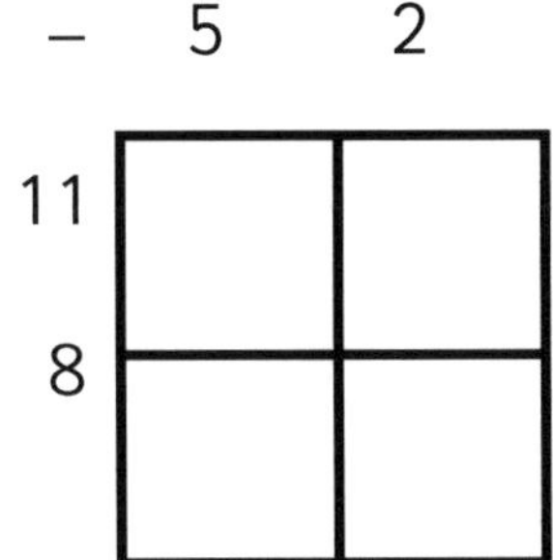

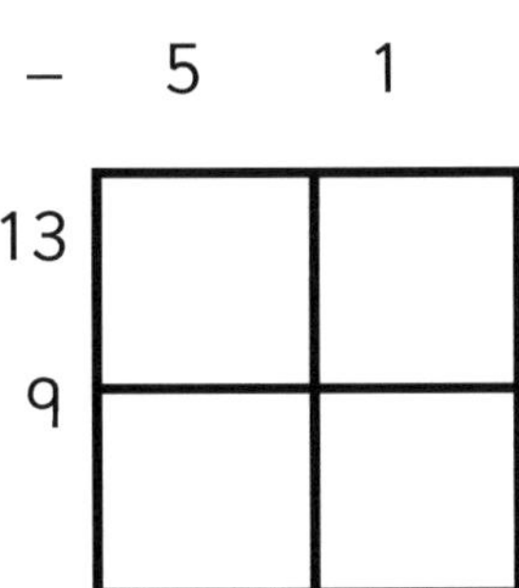

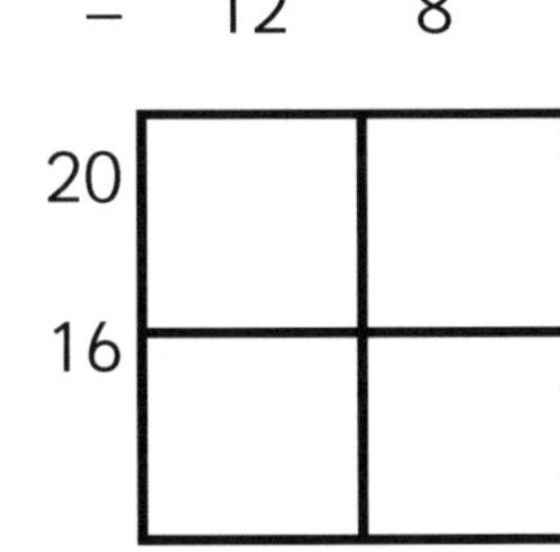

Cá bhfuil mo theach?

Suimigh na huimhreacha i ngach coineagéar. Dathaigh an coineagéar ina bhfuil an t-iomlán cothrom leis an uimhir ar an gcoinín.

Mósaic mistéireach

Dathaigh na cearnóga más 3, 4 nó 5, an difríocht idir an dá uimhir sna cearnóga sin. Ansin aimseoidh tú an pictiúr mistéireach.

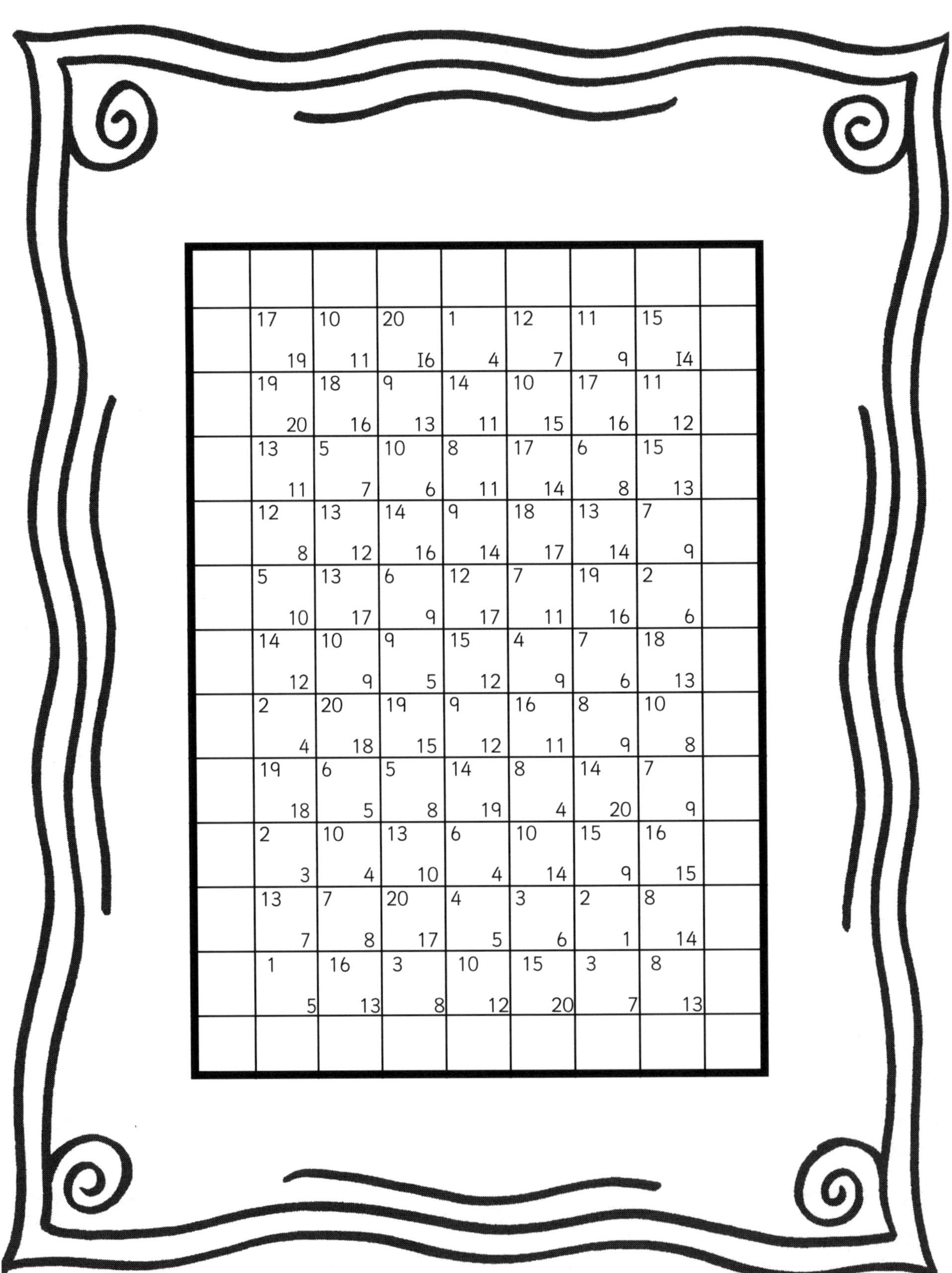

17 / 19	10 / 11	20 / 16	1 / 4	12 / 7	11 / 9	15 / 14
19 / 20	18 / 16	9 / 13	14 / 11	10 / 15	17 / 16	11 / 12
13 / 11	5 / 7	10 / 6	8 / 11	17 / 14	6 / 8	15 / 13
12 / 8	13 / 12	14 / 16	9 / 14	18 / 17	13 / 14	7 / 9
5 / 10	13 / 17	6 / 9	12 / 17	7 / 11	19 / 16	2 / 6
14 / 12	10 / 9	9 / 5	15 / 12	4 / 9	7 / 6	18 / 13
2 / 4	20 / 18	19 / 15	9 / 12	16 / 11	8 / 9	10 / 8
19 / 18	6 / 5	5 / 8	14 / 19	8 / 4	14 / 20	7 / 9
2 / 3	10 / 4	13 / 10	6 / 4	10 / 14	15 / 9	16 / 15
13 / 7	7 / 8	20 / 17	4 / 5	3 / 6	2 / 1	8 / 14
1 / 5	16 / 13	3 / 8	10 / 12	15 / 20	3 / 7	8 / 13

An uimhirlíne

Gearr amach na huimhreacha agus greamaigh sna boscaí iad go randamach.
Úsáid an uimhirlíne leis an difríocht eatarthu a aimsiú.

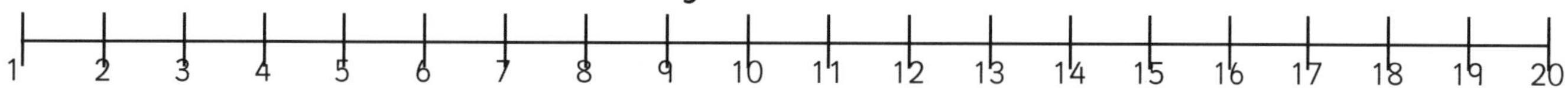

An difríocht idir ☐ agus ☐ is ea ______

☐ agus ☐ is ea ______

☐ agus ☐ is ea ______

☐ agus ☐ is ea ______

☐ agus ☐ is ea ______

☐ agus ☐ is ea ______

☐ agus ☐ is ea ______

☐ agus ☐ is ea ______

☐ agus ☐ is ea ______

☐ agus ☐ is ea ______

7	15	2	4	20	16	3	9	13	17
10	18	1	19	11	5	12	6	8	14

Bréagán i bhfolach

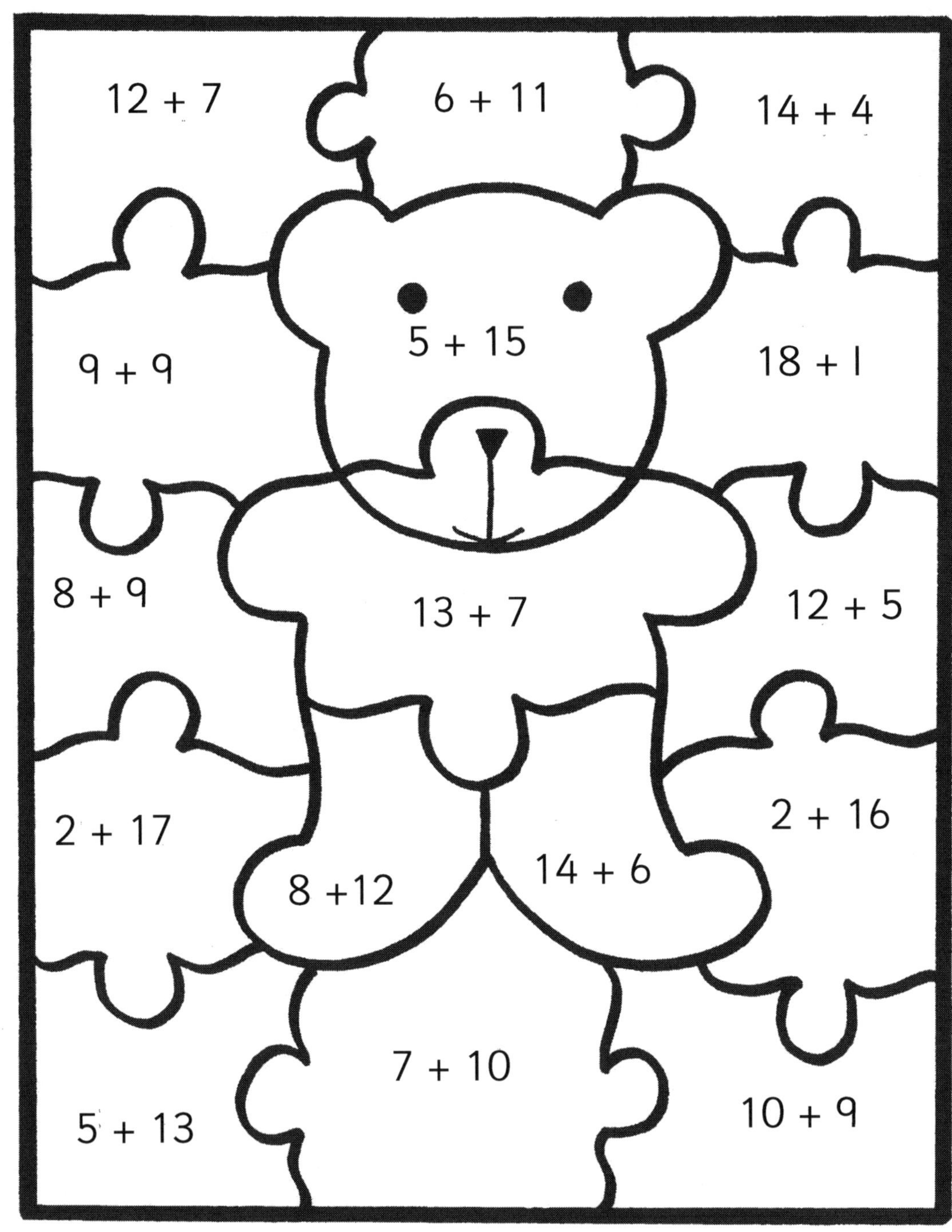

Cuir dath gorm ar na cruthanna más 17 an t-iomlán
dath buí más 18 an t-iomlán
dath uaine más 19 an t-iomlán
dath bándearg más 20 an t-iomlán

Ainmhí i bhfolach

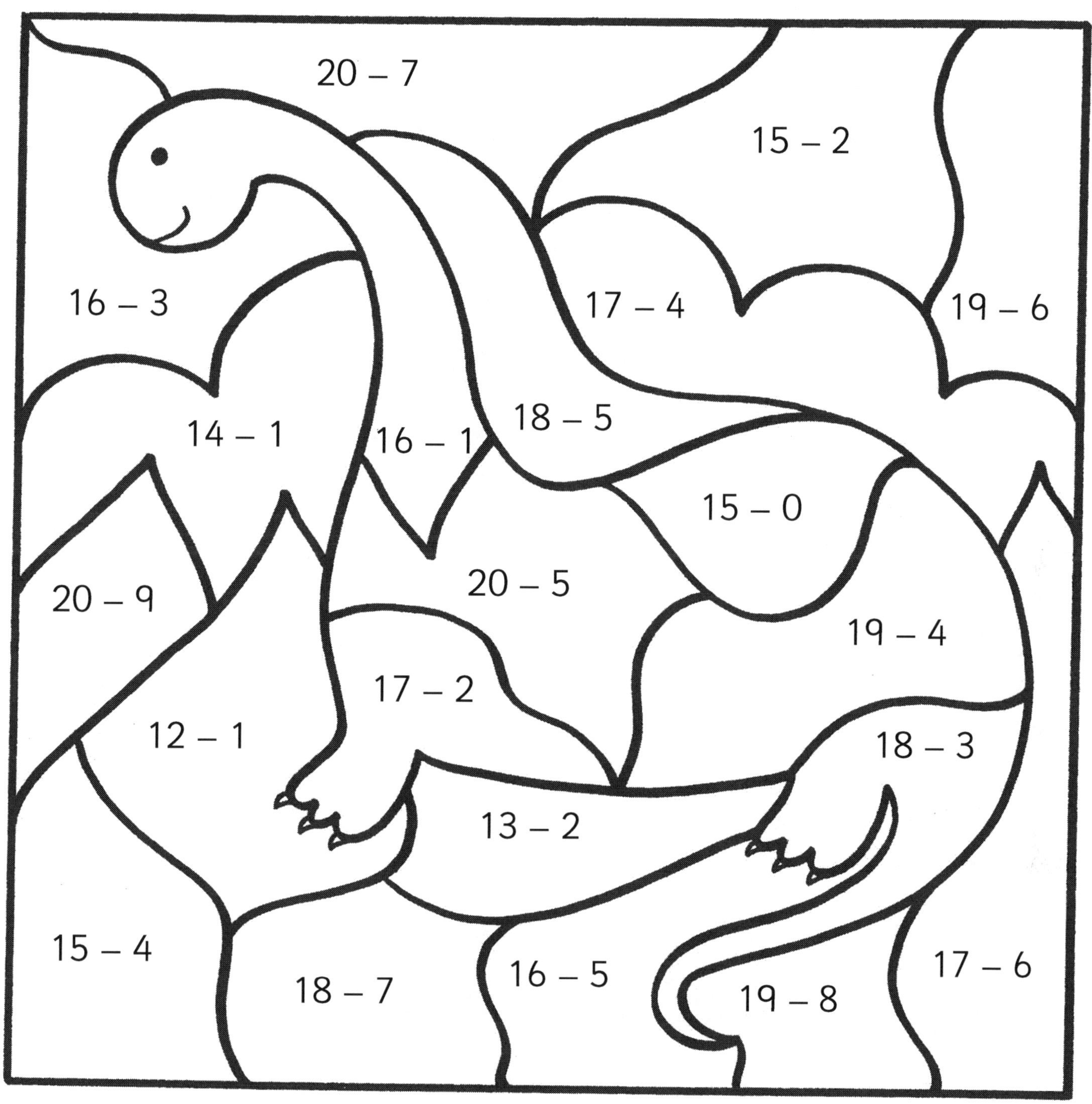

Dathaigh na cruthanna donn más 11 an difríocht
gorm más 13 an difríocht
uaine más 15 an difríocht

Aistear feithide

Ag tosnú leis an uimhir ar an bhfeithid, tabhair ar aistear é ag suimiú agus ag dealú ar an mbealach. Scríobh na huimhreacha sna bláthanna.

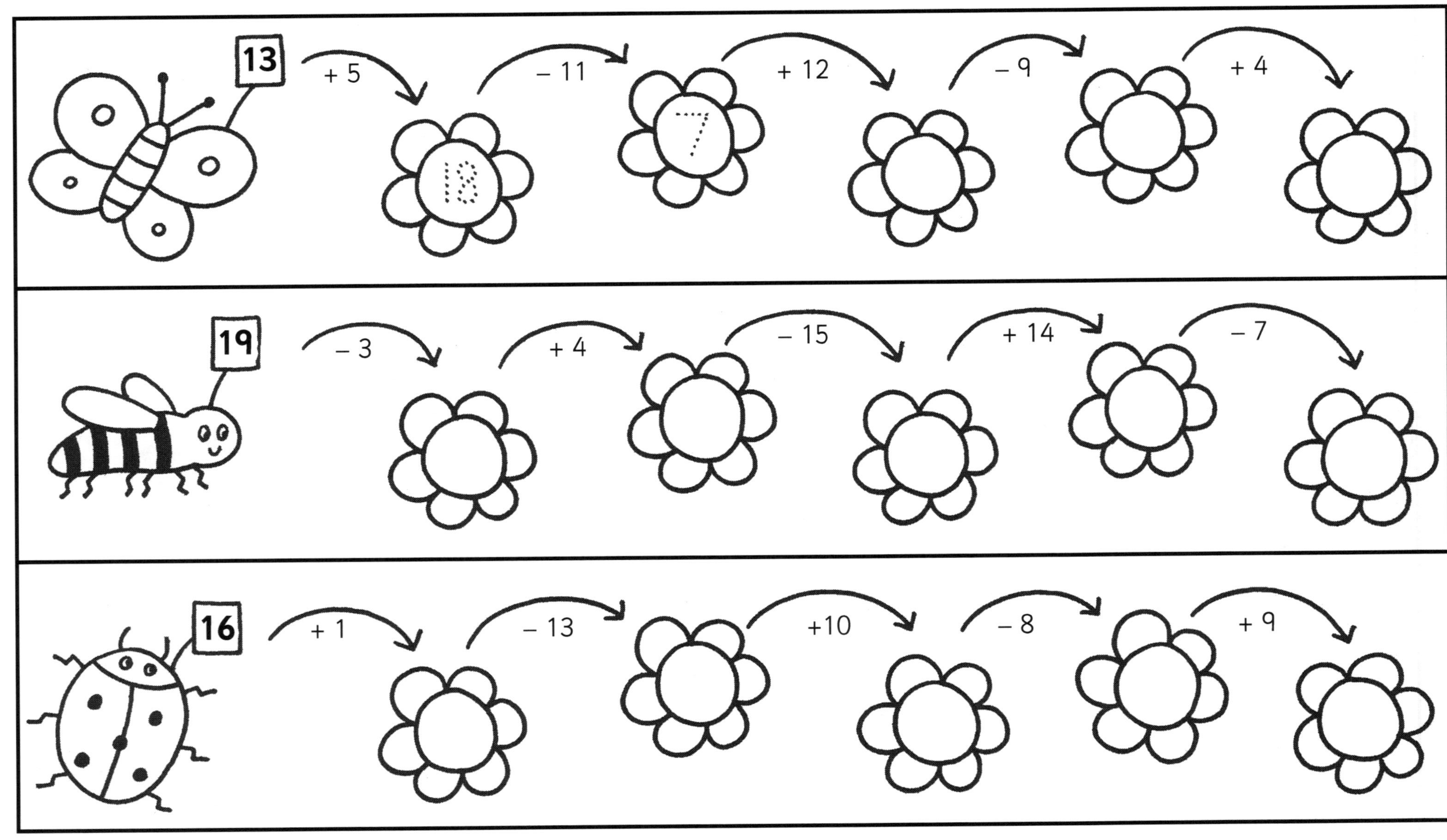

Séid amach na coinnle

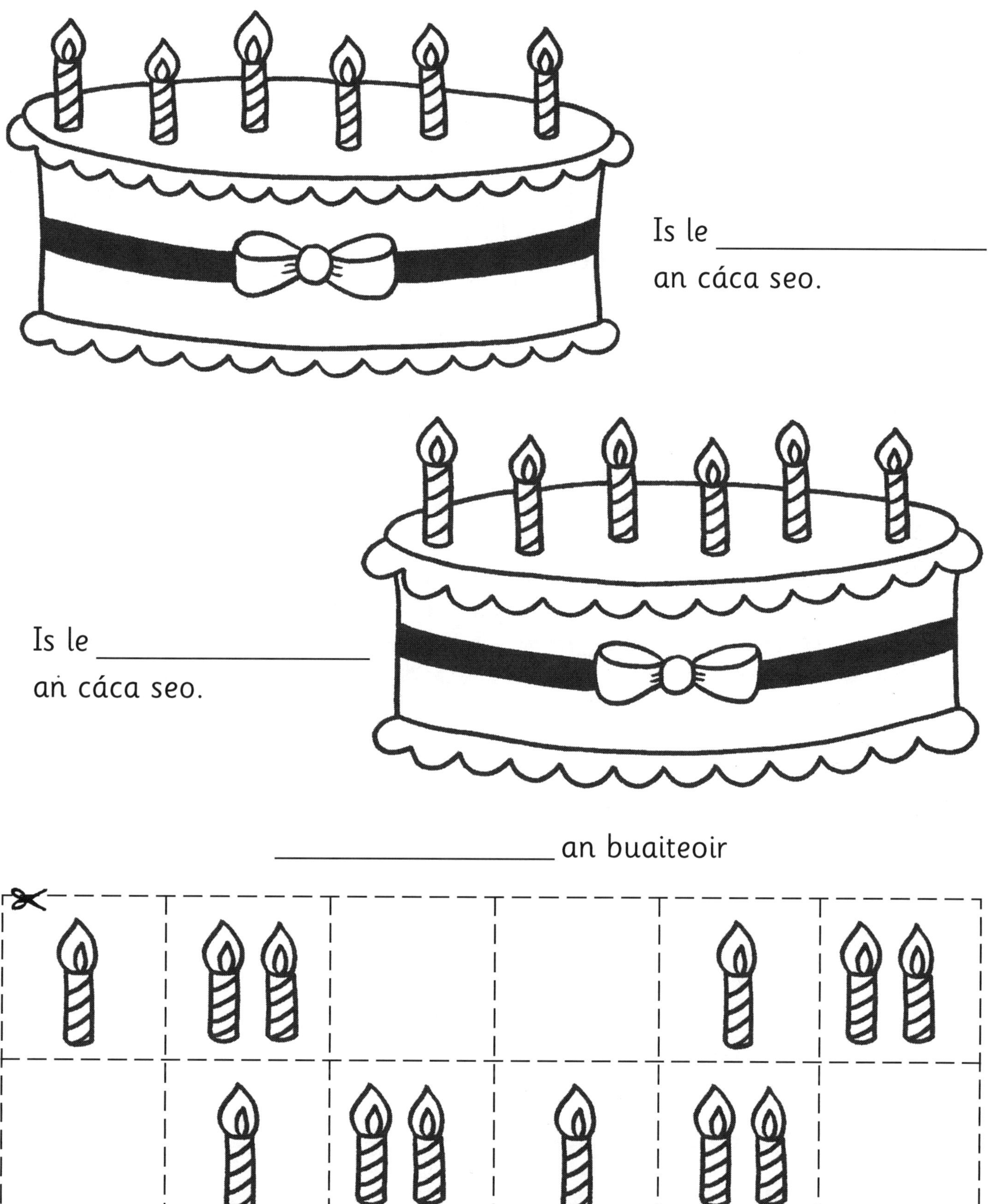

Is le ________________
an cáca seo.

Is le ________________
an cáca seo.

________________ an buaiteoir

Ag cur bláthanna

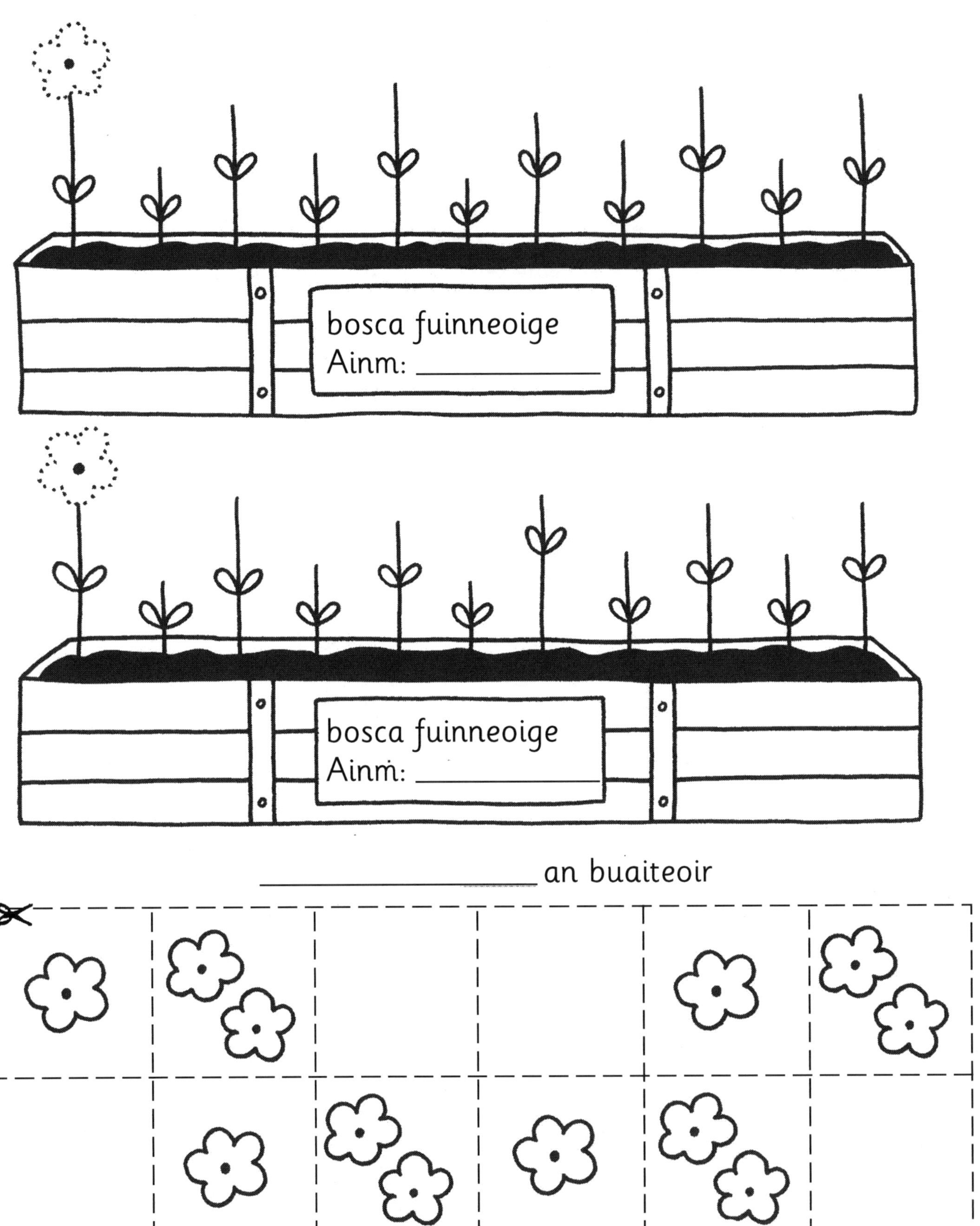

Cluiche le haghaidh beirt imreoirí.

Greamaigh na bláthanna ag bun an leathanaigh ar chárta agus gearr ar an líne briste. Leag na cártaí béal faoi ar bhord. Is féidir leis na páistí babhtaí a thógáil le cárta a phiocadh. Cibé uimhir bláthanna atá ar an gcárta, tarraingeoidh an páiste an uimhir sin bláthanna ina bhosca fuinneoige. Má phiocann an páiste cárta folamh, aistríonn an imirt go dtí an páiste eile. Is é an buaiteóir an chéad pháiste a chuireann isteach na bláthanna go léir an buaiteoir.

Na béiríní

Cluiche le haghaidh beirt imreoirí.

Áiseanna: 2 dhísle, 2 chrián (dath éagsúil do gach páiste) agus áireamhán.

Tógann na páistí babhtaí ag caitheamh an dísle. Suimíonn an té atá ag caitheamh an dísle na scóranna ar an dá dhísle agus féachann sé an bhfuil an t-iomlán sin oiriúnach don uimhir ar cheann de na béiríní. Seiceáileann an páiste eile an t-iomlán ar an áireamhán. Má tá sé ceart, dathaíonn an páiste a chaith an dísle an uimhir ar léine an bhéirín. Má tá dath ar an mbéirín sin cheana féin nó má tá an freagra mí-cheart, aistríonn an imirt go dtí an páiste eile. Is é an buaiteóir an páiste leis an uimhir is mó béiríní ag an deireadh an buaiteoir.

Bí chun tosaigh ag Suimiú agus Dealú go dtí 20

Rás aghaidheanna gealgháireacha

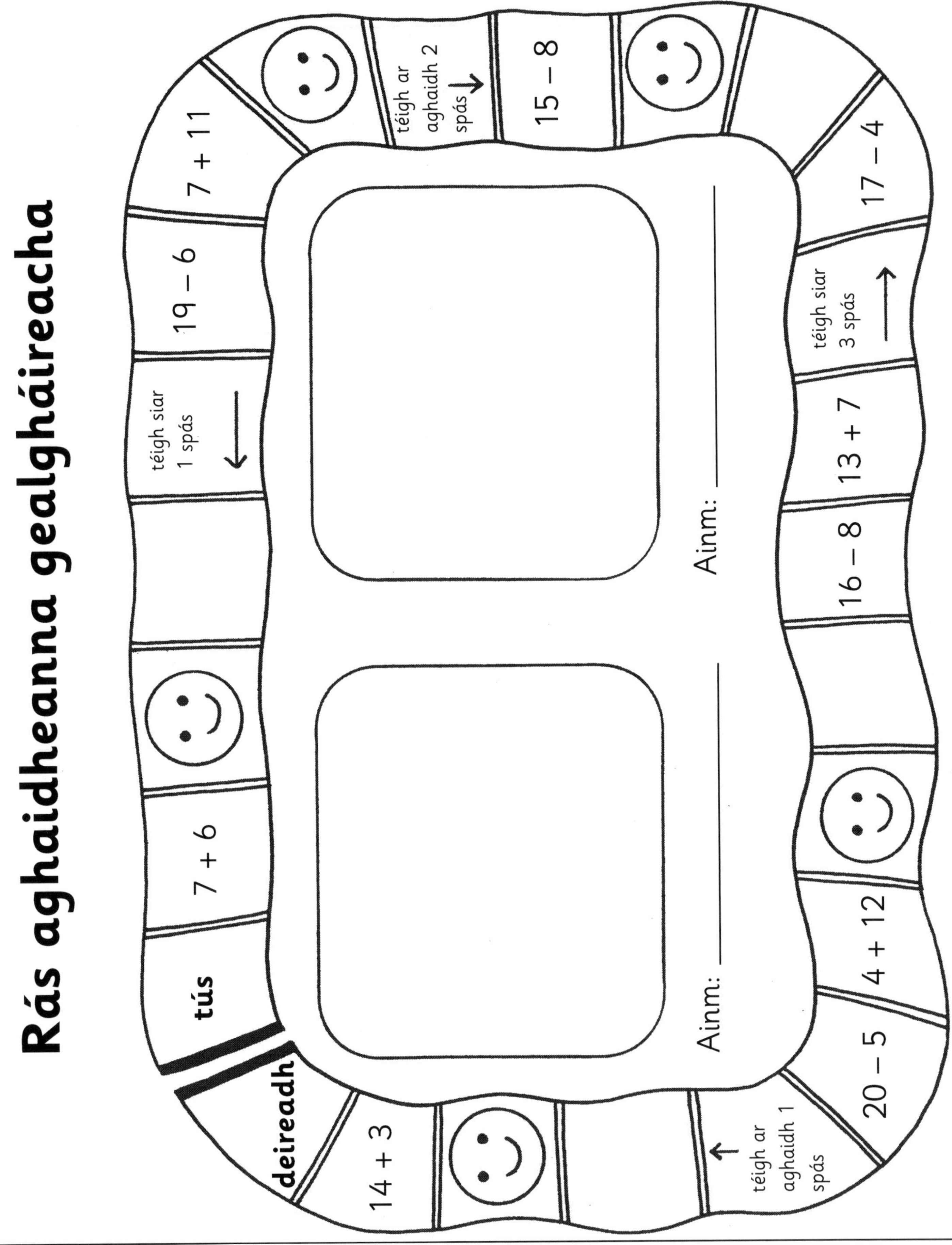

Cluiche le haghaidh beirt imreoirí.
Áiseanna: dísle, 2 licín comhairimh, píosa páipéir agus áireamhán.
Tógann na páistí babhtaí ag caitheamh an dísle, ag bogadh ar aghaidh ar an mbóthar dá réir sin. Má stopann an té a chaith an dísle ar cheist, scríobhann sé/sí an freagra ar phíosa páipéir agus seiceáileann an páiste eile é ar an áireamhán. Má tá sé ceart tarraingíonn an té a chaith an dísle aghaidh gealgháireach ina spás féin. Má stopann páiste ar aghaidh gealgháireach, is féidir leis/léi aghaidh a chur ina spás. Nuair a thagann an bheirt pháistí go deireadh an bhóthair is é an páiste leis an uimhir is mó aghaidheanna gealgháireacha an buaiteoir.

Made in the USA
Monee, IL
07 July 2026